世界神話・文学・絵画にみる愛と苦しみ

愛の神話学

篠田知和基

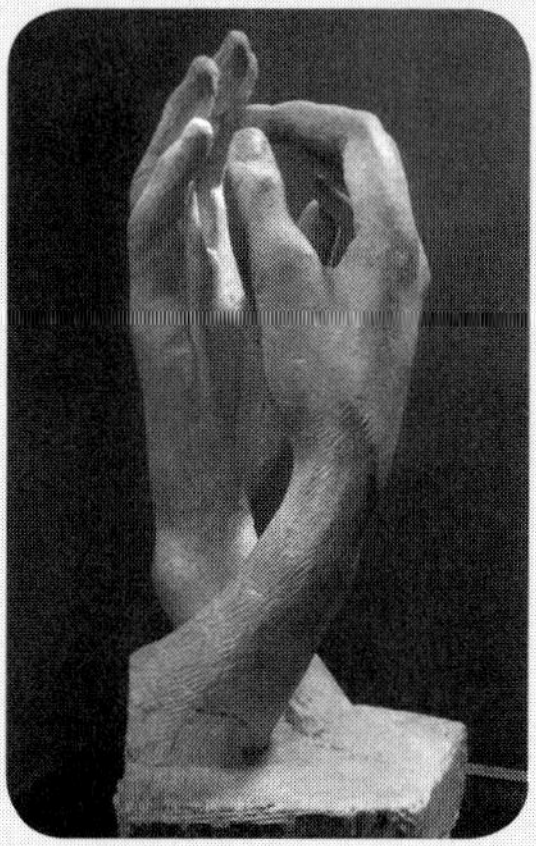

八坂書房

［扉図版］
オーギュスト・ロダン
《カテドラル（手）》
1908年　パリ、ロダン美術館

ゴシックのカテドラルの内陣のアーチ天井をかたどりながら、祈りの形をあらわしたものとされ、どちらも繊細な女性的な手だが、この二人の手のなかにこわれやすい、かぎりなく尊いものが包みこまれる。指と指がふれあおうとする瞬間に人と人のこころが通じ合う。それが「愛」というものではないだろうか。

◆『愛の神話学』目次

第II章　世界の愛の神話――ヨーロッパとアジア　53

第III章　世界の愛の物語――説話、昔話　71

第Ⅳ章　愛の二元性　103

第Ⅴ章　不幸な愛　136

第Ⅵ章　愛の図像学　174

はじめに

愛について、世界の神話・説話・昔話から考える。フランス文学を専門にしていたころは、愛といってもあまりにあたりまえすぎて、あえて「愛」をとりあげることはなかった。愛を語らないフランス文学などないのである。その後、世界の昔話を比較するようになって、最初の仕事として「異類婚姻譚」をまとめ、フランスの昔話を『ふしぎな愛の物語』として編纂して翻訳、日本の昔話を『蛇婿その他の物語』としてフランス語にしてガリマール社から出した。世界神話を専門にするようになったのはその後である。神話では「人狼」「竜蛇神」のあと「洪水」や「天空」、あるいは「動物神話」をまとめた。また図像学では螺旋とヴォリュートに注目して『ヨーロッパの形』を出した。

そのかたわら、比較神話学シンポジウムを毎年つづけてきて、二〇一〇年には「愛の神話」を検討した。それまで、光と闇とか、海の神話、星空のロマンスなどをとりあげてきたあとで、愛の神話なら、いくらでも話題がでてくるだろうとおもったのである。ところが、アフリカでもシベリアでもアメリカでも、さらに日本でも「愛の神話」というテーマでは材料が手にはいらないというのである。むしろ愛の神話がみつからないというのである。

これには、いささかおどろいた。人間の宿命や人生についてその根本を問うべき神話で、愛について語らない文化があるのだろうか。あるように見えるとしたら、それは言葉や概念の問題ではないだろうか？　人間にとって一番大切な問題であるはずの「愛」を西洋風に規定する言葉が、もしかしたら沙漠の遊牧民などにはないのだろうか、あるいはあっても、「愛」といった言葉に訳せないのだろうか？　日本でも、「愛」といった概念は西欧化以前には存在しなかったかもしれない。しかし、言葉としてはなくとも、感情としてはどの文化でも、どんな時代でもそれはあるのではないだろうか？　これはひとつ、本格的に考えてみないといけないということになった。

「愛」についての書物はあふれるほどある。しかし、「愛」の観念の不在について論じたものはめったにない。「愛」はどこにでも、だれにでもあるという思いこみから出発し、その「ノウハウ」を語る。しかし、愛せないものの悲しみ、愛してはならないものを愛してしまった苦しみ、愛の地獄を見てしまったものの絶望、そして世界には「愛」を拒否し、無視し、あるいは嫌悪する文化さえあるということ、「愛」とは悲しみであり、苦しみであり、あるいは絶望であるということを、世界の神話や物語からあきらかにした書物は多くはない。「愛」の名作といわれるような作品、たとえば『谷間のゆり』などにも、実は「愛」の絶望が語られているのではないかという視点から、愛の神話を見直してみた。ここには愛するための「手引き」はない。愛と苦しみについて考えるための手掛かりを古今の「神話」や「文学」や「絵画」に探ったのである。

第Ⅰ章　愛とはなにか

「愛」とはなにかという問いに、だれが、明快な答えを用意できるだろう。「死」とはなにか、「生」とはなにか、といった問いであっても同じである。「神」とはなにかであってもいい。それらはじつは同じ問いなのかもしれない。それではあまりに茫漠としているのなら、「愛」とはなになにではないといってみよう。「愛」は「性」ではない。「愛」は「恋」でもない。もちろん「金」でもなく、「科学」でもない。そのかわりに、「愛は苦しみである」「愛は戦いである」「愛は呪いである」というのは正しいかもしれない。しかし、「愛は世界である」「愛は絶対である」とはいうまい。この世には「愛」にそむかれた人、「愛」を知らない人もいるのである。愛から排除される人を人でなしとする多数決主義には従わない。

1 愛とエロス

「恋愛論」とか「恋愛学講義」などという本がある。「愛」というと、「恋愛」という翻訳語の概念と同一視される。「愛」にしてからが、日本語では生活感覚のなかには存在しない外来語的な抽象観念だった。別に日本だけの問題としなくともいい。スタンダールの『恋愛論』は名著という誉れが高いが、こちらは逆に「愛」をきりすてた恋愛現象論という趣がある。むしろ彼の『アルマンス』が不能の問題をとりあげた。そのほうが重要ではないだろうか。モーリャックには『愛の砂漠』があり、『新恋愛講座』を書いた三島由紀夫には『禁色』や『仮面の告白』があり、むしろ普通の男女愛の世界からは排除された存在だった。最近は宦官を描いた物語もあるし、江戸川乱歩の『芋虫』のような異常な世界を描いた作品もあり、もちろんサドの世界もふくめて、人間の「愛」の世界が、きれいごとだけではないことがしられる。

『エロスの系譜』『愛欲の精神史』といった本がある。エロス=愛欲が、「愛」と同一視されている。あるいは本当の「愛」をみうしなって、エロスがそのかわりをしている。ギリシア神話では本来のエロスは「愛欲」とはほど遠いものだが、のちのヨーロッパで、しだいに「愛神」とみなされるようになり、今日の日本では「愛欲」と同じになった。その愛神としてのエロスにアンテロスという双子の兄弟がいるという神話がある。

もちろん、それとは違う神の愛があり、仏や観音の慈愛もある。あるいは神に捧げられる人間の愛もあり、集団で神をたたえる儀式におけるアガペとしての愛もある。ドニ・ド・ルージュモンは宗教的な愛であるアガペと人間の愛であるエロスを区別した（『愛について』）。

そのように、それらすべての愛を区別してゆく考え方もあるが、ペットへの愛も、母性愛も、人類愛も、男女の愛も、兄弟の愛も、すべて同じ愛のちがったあらわれにすぎないとする見方もあり、対象がちがっても、愛の本質は同じで、ただ、それぞれに禁じられた愛、呪われた愛、祝福された愛があるのだともいう。

なにものかを愛し、それをいつくしむ、大切に思う、そしてそのためには自分をすてもいいとおもう。愛する者のためなら死んでもいい（曽野綾子『誰のために愛するか』）。それが愛というものなら、その対象は子であっても、妻であっても、神であっても、あるいは全人類であっても同じかもしれない。相手によって愛をいくつかのカテゴリーにわけてみること、それが禁じられているかどうかで区別しようとすることは姑息なことかもしれない。

愛というものは、人に取り憑いて人生を狂わせ、理性を失わせる悪しき情熱であり、悪霊であると、たとえばガルシア・マルケスはいうようである。彼の『愛その他の悪霊について』は、だれにも愛されず、理解もされなかった野性的な少女に夢中になった修道士の情熱の物語で、修道院では、その少女が悪魔に取り憑かれたか、あるいは悪魔そのものであるようにみなしておそれ、悪魔払いの儀式をおこなったが、まさに本当の愛こそ、人を、修道院を、社会を狂わせるおそるべき悪霊だった。

「愛とは苦しみ」だと倉田百三はいっていた（『愛と認識との出発』）。そもそも仏教でも「愛」は「十二因縁」のひとつで、「悪報」をもたらすものだ。

a 愛とは苦しみである

愛と死は人間にとって永遠のテーマであろう。愛について語らない文学はない。しかし、神話ではかならずしも愛のテーマは普遍的であるとはいえない。たとえば、『古事記』などの日本神話では、いったいどこで「愛」が語られているだろう。なるほどオホアナムチはスセリヒメと一目みて愛しあった。トヨタマヒメも山幸をみて、このもしい男だと思った。いや、ニニギの命が渚で機をおるコノハナサクヤヒメをみて、うるわしき乙女と思い、妻にしたいと思った。いずれも一目であり、直接的である。しかし、それを「愛の神話」というのはいささか憚られる。男女の神がであって、ただちに結婚に至るのは自然であり、純粋であるようにはみえる。しかし、そこには心理のあや、恋の駆け引きはない。またその後、二柱の神が永く連れ添って「愛」をつむいだとは語られない。ニニギの命がコノハナサクヤヒメを獲得するために艱難辛苦を耐え忍んだという、昔話だったらありそうな話もないし、コノハナサクヤヒメがニニギの求婚と父親の反対のあいだで引き裂かれ、悩み、眠られぬ夜を過ごしたというような「文学」的な描写もない。そもそも「愛」という概念が神話ではでてこない。

ギリシアないしはローマには「愛」の神アモール、あるいはエロスがいて、「愛」の神話があるかのように思われている。たとえばアプレイウスが描いた「アモールとプシュケ」の神話では、愛の神アモールと、その神に捧げられた少女プシュケが艱難辛苦をのりこえて幸せな愛を築く物語が描かれる。幸せに至るまでプシュケが経なければならない道程は信じられないくらいに込み入っている。しかしそれも、アモールとプシュケのあいだの感情のあやではなく、姑のウェヌスに課された試練によるものである。物語としても、禁忌背反によって失った配偶者をさがす旅の物語で、昔話の国際話型

AT400番（「鹿になった王女」）や425番（「美女と野獣」）のタイプの話である。試練をのりこえて愛を獲得する男女の物語は昔話にはよく描かれる。その種の話が神話ではそれほどみられないのは、いうまでもなく、苦しみの果てに愛を獲得するというのは人間の宿命であって、神々にはそのような人間的な苦しみや宿命はないからである。

というより、もしかしたら「愛」とは神的存在の本質そのものであり、だからこそ、神々についてはあえて「愛」を語ることがなく、一方、それは、地上の人間にはあこがれても手のとどかないものかもしれない。それだけに、それを欲する心が愛の神話を想像し、人間と神との不可能な愛の物語をつむぐのかもしれない。そのあとには、それでは動物には「愛」はあるのだろうかという問いがでてくるだろう。

神なら、欲すればなんでもかなう。地上の女をこのましいと思えば、すぐに欲望を充足させる。人間は、そのような自然な欲望であっても、その充足には複雑な人間関係のしがらみや、感情のもつれをほどいていかなければならず、親子、金銭、社会などの問題をひとつひとつ解決していかなければならない。神話にはそんな問題はなく、昔話でも、それらの苦しみは抽象的に語られる。それらの苦しみを正面からとりあげるのは文学である。

文学でも『源氏物語』をオクタヴィオ・パスが愛の名作とするのはともかく、そこに仏教思想が色濃く支配しているというと、いささか狐につつまれたように思われる。外国人がみればなるほど仏教的とみえるのかもしれない。作中でも随所に仏教儀礼がとりあげられてはいるだろう。しかし、作品の本質が仏教的だとか、光源氏の人生観が仏教のそれだといわれるとだいぶ違和感がある。仏教ではなくとも、人間の愛の問題と宗教の問題がからまってくると、神話と文学を切り離したような簡単な問題の整理ができなくなる。超越者の問題をもう一度、人間の側から考えなければならなくなる。神が人間を相手にして色ごとをするのではなく、人間が愛をもとめて苦闘するときに、神や倫理や宿命の問題がでてきて、たんに男女のあいだの愛の問題ではなく、神がそれを許すのかどうかといった問題になってくる。神とのあいだに一種の三角関係が生ずるのである。もっとも『源氏物語』には「愛」という語が一度もつかわれていないということも注目すべきだろう。

もちろんルネ・ジラール（『欲望の現象学』）以来、欲望の三角形というものが人間のドラマの基本であることがしられている。神とまではいわなくとも、『ロミオとジュリエット』でも恋人たちと親の思惑との葛藤がドラマを構成する。その障害をなす第三者として『トリスタンとイゾルデ』では「媚薬」という一種の超越的トリックがでてくる。あるいは近親間の愛の禁止の掟がたちはだかる。愛がなんらかの第三者的条件で阻害されたときに人間の愛のドラマがうまれる。あるいはフランチェスコ・アルベローニの考えでは、恋愛が試練を経て愛になるという（『恋愛論』）。こういったことは神を主体にした神話ではありえないことで、神々は兄と妹でも、親と子でも、なんの屈託もなく愛しあう。天と地の距離も問題ではない。神々にはいかなる問題もないのである。

しかし神話とは神々の物語とはかぎらない。天地に混沌の海しかなかったとき、神々もまだ生まれていなかった。天地創造の神話は、のちのローマの詩人たちが想像したような神々の情事の物語とはまったく次元をことにしたドラマをものがたる。あるいは神が地上におりて王朝を創始するとき、たとえば青き狼と白い鹿が交わって英雄を生んでゆくときには、やがて地上的条件がドラマの葛藤をおりなしてゆく。

はじめに天地のあいだに混沌の海しかなかったとき、ギリシアでは最初の生成の原理であるエロスが混沌の海に入って万物を生成させたと語る。そのエロスはのちの愛神としての美青年とは別の存在である。インドでは火の神アグニ、あるいはナパム・アパートが海にはいってそれを受胎させる。そこから万物が生まれる。乳海攪拌を世界の最初に位置付ける神話でも、スメール山の周りに蛇をまきつけてそれを回転させて不死の妙薬アムリタをつくりだすという神話は、いうまでもなく、棒に紐をまきつけて回転させて火を生みだす火の創造の神話である。混沌の海のなかで火を切りだすのである。

日本の国生み神話もオノゴロ島で天の御柱の周りを回りながら島や神々を生みだしていったのは海中に火を切りだす業と同じであり、であればこそイザナミは最後に火の球を生みだすのである。カグツチを生んだのも最初の蛭子を生んで海に流したのと同じ海中の小島の上である。インドやギリシアで語られる海中での火による万物生成のシステムと同じである。柱の周りで回転すれば火が生まれる。男女二柱の神がそのとき全力で海を、世界を攪拌し、めくるめき回転がその極限において、火花を発したのである。日本神話でも国生みの話は火の誕生で終わる。

火の玉が生まれてイザナミは死ぬ。死ぬ前にミズハノメなどの水の神が生まれる。水とともに生まれた火の玉はイザナギによって斬り殺される。そしてそこから万物が生まれる。これは水中に火がはいって生命を生みだす世界共通の神話思考の表現である。古代スキタイ族の神話をうけつぐオセット族のナルト神話では、火の玉であるバトラスが生まれ、海にとびこんで海水を蒸発させる。バトラスはそもそも海中の蛙が地上で生みだした神霊である。水の女が火の球を生み、その火の球が海にとびこむ。つぎには火のなかにはいって自身を鋼鉄よりも強い身体に鍛える（デュメジル『英雄の書』）。火と水の中での死と再生のドラマが世界のはじめに展開するのである。それが生命の根源の神話であり、男女が愛し合って生命を生みだす秘儀の神話に通ずるのである。

赤く焼けた棒が海の中にはいって大洋を撹拌し、沸騰させ、そこから生命の種を生みだしてゆく。ファロスが濡れたワギナにはいりこんで生命を受胎させ、その生命は子宮の羊水のなかでしだいに成長して人間存在になってゆく。陰陽の交わりを雲雨の交わりともいうが、女性原理は水で、男性原理は火であらわされ、怒張したファロスは赤くかがやくように想像され、表現される。ほとばしる精液もあつい火として想像され表現される。対するワギナからも愛液や淫水がにじみで、あるいはほとばしりでる。それを神話は水中の火とも、混沌を受胎させるエロスともいう。その結果は大海にうかぶ宇宙卵ともなり、それがわれて天と地ができると語りもするが、その卵、あるいは壺が最初の存在で、そこから世界の水がこんこんとわき出るという想像もされる（大林太良『神話の話』）。その場合、世界はひとつの卵であり、そのなかに世界の水があり、その水のなかにまた卵が浮かび、その中に生命がやどっていて、それぞれの生命の胎内にまた子宮があり、そのなかに水があり、そこにつぎの生命の種が胚胎すると神話は想像する。それが最初はただ暗く冷たい水であっても、あたかも水平線のかなたから世界を真っ赤に染めて原初の太陽がたちのぼるように、そこに火と光が生まれたときに、混沌と闇に生命があふれる。それを原初のエロスとよぶ。その生命原理としてのエロスが文明化していって「愛」になる。エロスを「性」とのみとらえるのは、文明化の過程を否定することである。

「愛」の神話は世界の生成の神話に隠されているのである。イザナギとイザナミの「みとのまぐわい」

は近代的な「愛」の葛藤とは無縁な陰陽二原理の宇宙的合一でしかないようにも見えても、それが「愛の神話」にほかならない。

インドの火神アグニ、ギリシアの生命神エロス、あるいは中国の宇宙卵盤古、いずれも混沌の海に漂う生命がやがて複雑な天地草木鳥獣魚類、そして人類、社会となって、そこで男女の愛を司る文明的な愛神となるのが、ギリシアの青年神エロス、ローマのアモールであり、それがさらにクピドだのプットーだのとなってルネサンスの絵画をにぎわせる。そしてまた文学の世界では恋人たちの悲劇をおりなす宿命ともなる。「愛」という神格のいない文化でも蛙や蛇や狼が生命の誕生、あるいはその反復の秘儀を司る。エジプトでは羊神クヌームが粘土をこね、蛙神ヘケットがそこに生命をふきこむ。それは「天地創造」ではなく、万象の造形でしかないだろうか？　女媧が人間をこねたことも、彼女が伏義とからみあっていたのも「エロス」の創造のわざではなかったのだろうか？

b 豊饒の原理

創造の神話、天地の神話、戦の神話、生死の神話はあっても「愛」の神話はないというのもひとつの言い方である。男女が交わって子をつくるのは「愛」ではなく、「創造」ないし「生殖」で、そのプロセスは交接と射精と受精と妊娠と出産で、「愛」とは無関係だというのである。たしかに、そこでは近代的な意味での複雑な感情の総体としての「愛」などはないかもしれない。古代においては動物も、人間も、あるいは神々も、心理的かけひきや、感情のもつれなどをへずに「性愛」を行なって子を生んでいた。すくなくともギリシア神話やエジプト神話で天と地が交わって神々を生んでいたというときには、情緒纏綿たる「愛」などは問題にならず、即物的に雄雌あるいは陰陽が合体していただけである。

あるいは最初の男女が交わって子孫をふやしていたときも、動物の生殖行動となんらかかわるところはなかった。それにたいして「愛」は人間特有の感情で、かつ文化的なものだ。その場合の「人間」とは動物ではなく、神的存在たりえているともいえる。その契機をなす「愛」は、社会的制約の対象にもなり、近親結合、とくに近親間の「結婚」が禁じられる。禁じられるのではそのほかに不倫、強姦、獣姦、屍姦などがあり、また異教徒との関係が規制されることもあるし、ローマが敵に攻められたときに、敵将と通じた女が町の鍵をあたえたなどというような、交戦状態の敵の男女との関係だの、女スパイとの愛だのの忌避もあろう。あるいは、アタランテとその恋人がアプロディテないしゼウスの神殿で愛し合ったために呪われた神話のように、聖域など特定の場所での結合が冒瀆として禁じられる場合もある。それはいずれも性的結合で、精神的愛であれば、敵将と心をかよわせていても、あるいは神殿で愛し合っても、そこには原則として制約はない。

またそのまえに宗教が整備されると、「神の愛」が想像される。「人間を愛する神」というものもかなりに人工的な観念で、そんなものが人間たちの上に存在しうるものかどうか疑問で、掟という意味での「天命」は存在するが、人間がその「天」に「愛される」ことなど考えられないという文化もある。

唯一神ではなくとも「至高神」はいるが、それが人間もふくめてすべてを統治するときに、「恐ろしい神」「秩序神」として人間たちの罪や混乱を罰し、秩序づける一方、赦しの神、慈愛の神をも造り出してバランスをとろうとする。正義の神、裁きの神、秩序の神のかたわらに赦しの神、慈愛の神を考えるのは、しかしつねにあらわれる形とはかぎらない。遊牧民か農耕民かでも違うともいう。羊の群れを牡山羊が統率するような父性社会と、豊饒母神を中心にした農耕社会とは違い。秩序をもとめる文化と、混乱してもたくさん作物がとれるほうがいいという文化はたしかに遊牧民と定着農民との違いに対応するかもしれない。

しかしといって、豊饒の神がつねに赦しの神であるかというとそんなことはない。豊饒は多く女神が司るとしても、女神こそ「恐ろしい女神」だというのがエジプト神話の観念である。エジプト神話では「恐ろしい女神」というカテゴリーがあって、テフヌート、セクメト、などがライオン女神としてあらわされる。古代小アジアのプリュギアでも大女神キュベレはライオンをしたがえた「動物たちの主(ポトニア・テロン)」だった。インドでもドゥルガはライオンかトラにまたがる女神である。現実にも家庭内で「山の神」が怒りを発すると世の亭主族はひたすらおそれいって平伏する。

豊饒神が性や生殖の神であるとしても、赦しや優しさや「愛」はそれらの神の当然のあらわれとはかぎらないのである。性神は往々にしてただの石棒で、その石は愛についてなにごともかたらない。というより、性や生殖と「愛」は別物である。結婚でさえ、「愛」とは別物である。また、婚姻外の禁じられた愛の果実としての子どもは捨てられた。たいていは母親ごと捨てられた。「大きな箱が彼の網にかかった。中には幼児ペルセウスを抱いたダナエーが隠れていた」(『ホモ・ネカーンス』209頁)。ゼウスとダナエ(ダナエー)は禁じられた関係ではなかったかもしれないが、その結果生まれた子どもが捨てられる経緯をみれば、やはり禁じられた愛、呪われた愛のカテゴリーにはいることがわかる。昔話の「犬婿」でも犬と王女がうつろ舟にのせられて流される。しかも、その「禁忌」をのりこえたところに「聖性」がうまれ、捨てられた子は王になるのである。

c 排他的なエロス、普遍的なエロス

本来の「エロス」は世界をつくりだし、それをおおう大いなる存在である。だれか特定の個人を「愛する」などという存在ではない。エロスの「愛」は万物にそそがれる。それはむしろ「愛」より「生」である。

エロスが「愛」の神になるのは、時代をくだってからのことで、とくにローマでアモールとして、あるいはクピドとして、人の心に愛欲を吹きこむいたずらものになる。これは原初のエロスとは別の神格だともされている。その間にプラトンのエロスがある。

『饗宴』では人のこころにひそんでいて、愛を求める傾きをエロスとしている。対象は限定されない。また、性愛のときにだけ活動するわけでもない。性愛外でもエロスは人の心を動かす。そして近代になると、性の衝動をエロスというようになる。したがって、エロスといっても万物創生の原理か、人と人が愛し合う時の原動力、ないしはその状態か、あるいは性欲か、さまざまだということになる。精神分析や文化人類学でいうエロスと神話学でいうエロスは区別が必要である。精神分析でもフロイトは「エロス」を「生」の根源とした。

先のシンポジウムでアガペと違ってエロスの対象は排他的な単数だといったところが、会場の吉田敦彦氏から異議がだされた。はじめはピンとこなかったが、ギリシア神話的にいえば、たしかにおかしい。エロスは別に特定の恋人がいなくとも万物に、あるいはすべての人間に存在するものとギリシ

アでは考えられた。特定の対象にだけ排他的に向けられる個人的な情動ではないのである。また、のちの観念のように、あるいは精神分析的な観念としての性的衝動であっても、エロスは、はじめは確たる対象を持たずに心に生ずる「春情」であり、やがて、それが対象を求めても、はじめは誰でもよしに向けられるものであろう。その場合もエロスは排他的ではない。またそれは、性欲だけではなく、創作欲などをも掻き立てる情念であろう。その場合は誰か特定の相手にだけ向けられるものではない。

しかし、近代的意味でいえば、エロスとはたしかに一般的な、対象を限定しない性愛の原動力であっても、それが具体的な対象にむけられたときには特殊なものとなる。恋情はふつうはただ一人の相手にむけられる。それをエロスといえば、博愛などとちがって、相手を限定するのである。

性愛は自己性愛であれば、空想上の相手をもとめ、他者愛であれば、だれか特定の相手をもとめる。動物であれば、発情期の性衝動はほとんどすべての異性にむけられるが、人間においては、性衝動の方向はかなり限定され、感情的に「愛情」をおぼえる対象にむけて肉体的欲望をおぼえるときに、性愛としてのエロスが発動するのが普通である。そのような特定の性のパートナーとのあいだに成立する性愛を司る精神衝動がエロスであるとしたとき、それは一者のみを相手にする排他的な情動だといえる。またそれは精神的「愛情」とともに作用することが多いが、「愛情」がともなわない場合もあるし、性愛をともなわない愛情もあるとしても、どちらも多くは排他的である。

そのような文脈でのエロス、すなわち、生殖器官の成長とともに生まれる身体的な性的衝動、あるいはそのもととなるような生や創造の衝動としてのエロスであっても、本来は非特定の一般的な衝動で、所有欲、食欲などと同じようなものだろうが、愛情表現としての性衝動を作動させるものとしてなら、一人のパートナーに対する欲望の源となろう。

たしかに食欲と同じようなレベルの欲動であれば、エロスは対象さえ必要としない。食物がなくとも食欲はわいてくる。しかし、関係としての「愛」のひとつとして「エロス」を考えれば、それは一対一の「愛」で、むしろ排他的なものである。「エロス」は本来、「関係」ではありえないが、近代的意味ではかならずしもそうではない。(相手がいる場合の愛情はギリシアではピロテスという)。そのように「エロス」といっても、人によってその受け取り方がさまざまで、違うものを考えていることがあるのである。「愛」のほうも同様である。これは、「エロス」や「愛」という概念を、不用意にだれでもわかっていることのように使うさいのあやまちで、「プラトンにおけるエロス」「フロイトにおけるエロス」「性欲としてのエロス」などと明確化しなければならないのだった。吉田敦彦氏の指摘はそのような根本的なことについて注意を喚起してくれたものだったと思う。

神の愛、人類愛などは、すべての人間を愛するので、排他的でも選別的でもない。これはエロスとはよばない。ギリシア語ではフィリアとかアガペとなる。

ギリシアでも人格神の時代になると、男女間の牽引力を司る「愛神」としての「エロス」が想像され、そのかたわらに反対作用をする「アンテロス」もつくられた。これは男女間だけではなく、同性間にも働いたが、親子、あるいは兄弟姉妹の関係では別種の「愛」、すなわち親子愛、兄弟愛(amour philadelphe)があると考えられ、「エロス」は関係しないものとされた。

ほかの地域の神話では、生殖や豊饒、あるいは性の力を司る神は存在しても、観念的、精神的な「愛」の神が規定されることはすくない。性信仰はほとんどの地域で普遍的で、とくに男根崇拝などの形をとり、男根そのものの神格もあれば、精力の神もある。あるいは性にかぎらず創造と破壊のおおいなる原動力をあらわす神が性衝動も司るとされるケースも多いが、それらは精神的な「愛」ではない。ガネーシャなどのように男女和合、あるいは夫婦愛をあらわす神格はしばらくのちになってでてくるが、それはたとえば夫婦愛の象徴であっても、愛そのものを体現するものではない。日本の道祖神も男女和合をあらわしていることもあるが、かならずしも「愛神」ではない。そこに彫られた像は男性器をおもわせる瓢箪から女性器をおもわせる盃に酒をつぐ情景などが多く、また、抱擁している男女像や、男根型の像もあり、「愛」という精神よりは「性神」とみられる。

すなわち、日本だけではなく、どこでも性信仰があり、男女和合のシンボル的神像がつくられるとしても、「愛」という観念をあらわし、それを司る「人格神」はしられていないといっていい。であれば、「愛の神話」がないというのももっともであるということになる。

「愛の神話」はなくとも、「恋愛」や「結婚」、あるいは「不倫」や「愛の呪い」「悲恋」などをものがたる神話・説話はたくさんあるし、「神の愛」「人類愛」「親子愛」も「愛」にいれれば「罰」や「争い」とともに、「愛」の物語も必然的に発生する。

愛の物語はほとんどが悲劇として語られる。神に愛された人間は夭折しなければならないのが定めである。天女との愛も禁忌背反でおわる。人間の愛の衝動は盲目で、人倫にそむく行動にみちびき、そこに天の罰がくだる。オイディプス、トリスタン、あるいは愛する相手を殺す『赤と黒』や「袈裟と盛遠」の物語など、神話・文学は愛の悲劇を物語る。あるいはそこには誤解とすれ違いがある。

愛が憎しみにかわり、恋人が嫉妬の鬼になる道成寺や橋姫の話は「愛」の物語か、「愛欲」の説話か、あるいは「邪心」のドラマか、軽々にきめつけるのはむずかしい。「愛」は「憎しみ」と「死」と、あるいは「禁忌」と「障害」とをともない、「天国」と「地獄」の相にひきさかれる。そして多くの場合、人は「愛」などという観念は考えてみようともせず、「愛」とは無縁の、すさんだ、即物的な人生をおくる。それでも、ときに、おさないもの、はかないものに、無限のいとおしさを覚えることがある。無心の子犬を抱きしめるとき、人は「愛」にみたされているのではないだろうか。

2 婚姻の神話

結婚は愛の墓場だという。ギリシア神話では婚姻の神ヒュメーンと愛の神エロスは別である。社会的制度としての結婚と宗教上の結婚を相補うものとする社会もある。神の愛につつまれることを「神との結婚」ということもあるが、肉の交わりを神から遠ざかるものとする考えもある。幸せな結婚は幸せな愛の出発点だろうが、不幸な結婚がながい不幸のはじまりであることもある。それでも神との合一を宗教の究極として、そのモデルを神話として語るものもある。

a 聖婚

クレマーの古典的神話論『聖婚』にたいして、その邦訳刊行時に異論が提起されたのは記憶にあたらしい。聖婚といっても、宗教学、文化人類学、神話学、説話学で、概念自体も変化する。「聖なる結婚」と、「神々の婚姻」あるいは「神との結婚」すなわちsacred marriageとヒエロス・ガモスなどである。

それは男神と女神が結婚することとか、神が人間とむすばれることとか、またそのとき、シャーマニックなエクスタシーをともない、あるいは逆にシャーマニスムのエクスタシーの中で、神と合一する幻覚をもつこととか、それらは同じようでいて、違うものだろう。そしてもうひとつのカテゴリーとして、男女の性的結合の中で神を顕現させること、そしてとくに、日常の性的結合ではなく黒ミサなどの儀礼の場で性的結合が司祭によって神を呼び出すためにおこなわれることもあるだろう。また、ディオニュソス祭などでみられたように、女司祭が神を神殿でむかえて、神と同衾する仕草をしたり、あるいはまったく儀礼的、象徴的に床入り儀礼をおこなったりもする。我が国の大嘗祭にもそのようなシンボリスムがあるともされる。それにたいして、そのようなことが行われた証拠はないといっても、象徴的な儀礼であり、かつ神聖な帳にかくされたものであれば、実態はなにもないかもしれない。インドの馬犠牲式アハシュメドヴァで王の后が馬の死体と同衾するのはあきらかに聖婚であろう。集団のエクスタシーである性的オーギアで、司祭と神の儀礼的結合が信者たちのオーギアを始動させるなら、その部分は「聖婚」といっていいだろう。

ただし、「聖」という概念は、ときにキリスト教に限定してつかわれる場合もあり、たとえば仏教では使われないが、インドのタントリスム、あるいはシヴァ信仰におけるシャクチ（宇宙的生命力）の顕彰は、概念としては聖婚にちかく、しかし聖婚とはいわないのは概念の問題かもしれない。

神話学では天と地の神が交わって豊穣をもたらすとき、それをヒエロス・ガモスという。それにたいして、のちの時代の人格神であるゼウスとヘラの結婚はその創生神話的な概念からはずれる。世界が創造されたあとであらわれた神々だからであり、もはやその結合から万象の創造はおこなわれないからである。アプロディテとヘーパイストスの結婚も同様であり、そのアプロディテと、彼女の情人アレスとの不倫の愛ももはや「聖婚」ではない。たんなる「情事」である。ハデスとプロセルピナの結婚は、はたして「婚姻」なのか、略奪なのかというと、プロセルピナの母親のデメテルにしてみれば、略奪である。クロノスとレアも同様な略奪婚か、あるいは無理にいうことをきかせた結びつきかである。のちにゼウスがクロノスに反旗をかかげたときは、レアはゼウスに組みした。最初に、クロノスが生まれた赤子のゼウスをのみこもうとしたときに、石をむつきでくるんで赤子といつわって飲み込ませた。ポセイドンは馬になって姉妹のデメテルと交わったが、婚姻にはいたらず、アムピトリテーをめとった。このふたりはかなりむつまじくしていたが、それでも、ポセイドンはゴルゴーンと交わったりした。神々の世界はほとんど乱婚のそれである。それにたいして、ディオニュソスとアリアドネの結婚は神々も天地も祝福する世界の祝祭になるが、それによって世界創造や豊穣がもたらされるわけではないなら、神々の作業を実現する行為としての神話的婚姻ではない。

このように、「聖婚」という言葉の正統性については今一度振り返ってみてもいい。なにしろそれは日本語でもなければ中国語でもないからだ。それに西洋語でも先にふれたようにヒエロス・ガモスと「神聖な婚姻」sacred marriage は違うようである。神話ではむしろ、それは、天と地などの「交わり」である。

シュメールの正月の聖婚儀礼で、神に扮した王と女神官が交合するのは聖婚にあたるとブルケルトは見る(『ホモ・ネカーンス』)が、そのような事実があったかどうか正確に知ることはむずかしい。ただ、「事実」とはなにをさすかで、「交接」のまね、あるいは象徴的しぐさであっても、儀礼としては「聖婚」儀礼があったというべきだろう。

つぎにイナンナについてみよう。シュメール神話の専門家である松島英子氏の言によれば、この放縦な小娘はけっして大母神ではないという。たしかに姉の女神エレシュキガルとの関係は奇妙で、また彼女は豊饒を司るものでもないかもしれない。アスタルテ、アプロディテなどともし通ずるところがあるなら、むしろ戦いの女神の性格のほうがつよいかもしれない。

もうひとつは、イナンナがただの青年であるタンムーズを愛していたことが気にかかる。イナンナとタンムーズの結合はけっしておおいなる神々の結婚ではない。ただし、イナンナの地獄くだりについてはブルケルトは依然としてデメテルとの並行性を主張している。もっともデメテルとよりは娘のコレとの類似をあげており、「少女犠牲」であるとする。

イナンナが冥界へおりていった理由として、かつては夫あるいは恋人の青年タンムーズを死の世界からつれもどすためだとされていた。しかし最近の版では冥界を支配している姉のエレシュキガルにかわって、そこを支配するために、侵略的意図をもって冥界にいったのではないかと思われる。冥界へゆくには七つの門をくぐらねばならず、その都度、着ているものを脱いでいって、ついに裸になって冥界に達したという。そこで、彼女は冥界の王の王座に、許可なく座ってしまった。とたんに冥界の掟によって、彼女は生命をうしなうことになる。彼女を死の国から救いだすべく、神々があつまって知恵をしぼる。だれか身代わりをみつければいい。タンムーズがイナンナの留守をいいことに地上の王位についていた。それをつかまえて、死の国へおくることとなった。この版ではもちろん、最初に羊飼いの青年と女神イナンナの婚姻の場面が語られる。その後、タンムーズが王位簒奪をおこない、イナンナによって罰せられる。罰が死の国へおくられることであるなら、タンムーズの禁忌背反があって、冥界へつれさられ、それをイナンナが救いだしにゆくという筋もやはり可能になってくる。いずれにしてもイナンナとタンムーズはどちらも地獄へくだるのである。また、地獄へくだったものをまた地上へよびもどすには、身代わりが必要である。結局、神々の調停があって、年の半分は冥界に、半分は地上ですごすことになる。これはアドニス神話などと共通するモチーフである。

いっぽうジラールは「聖なるもの」を暴力と関係づけ、「強い生命力」に関係するとする。「聖なる婚姻」とは必然的に人間的なタブーをふみこえた破壊的なものである。たとえばゼウスが雷神としてセメレーにのぞむとき、かれらの「聖なる結合」が最高の表現を得る。イナンナの愛もタンムーズを犠牲にするときに聖性を獲得するだろう。聖なるものは「畏怖の念だけではなく、恐ろしいもの、」(『エロスの系譜』348頁) である。人がそれにふれれば死なねばならない。

ベドウィン族の「王の週間」(山形孝夫『聖母マリア崇拝の謎』33頁) では、花嫁花婿が王妃と王に見立てられ、舞をして、「雅歌」にそっくりな歌を歌い、床入りをする。幕営地の脱穀場に絨毯が敷かれ、夜具と枕がおかれる。これを山形孝夫は「聖婚」という。実際は人間同士の花嫁・花婿である。たんにそれを王と王妃にみたて、かつて、祭祀王が神を演じて行った儀礼的聖婚を模擬的に反復するのである。それ自体は聖婚ではなく、人間の婚姻だが、神聖な象徴を喚起する。儀礼の象徴性の問題である。

神話では、天と地が交わって世界をうみだす神話などのように、それを特別の「婚礼」とし、宇宙全体がそのとき天地の結合をいわってどよめいたというような語りをするなら、それは「神聖な婚礼」

である。ウズメの裸踊りは婚姻ではないが、神聖な踊りである。が、ギリシア神話でもウラノスとガイアの結びつきがけっして「聖なるもの」とはされないのはなぜだろうか。むしろ神を祭る儀礼で、ただの生身の人間が神と交わるときにそれを特別なものとして聖なる婚礼とするのだとしたら、それを神話化した物語にのみ「聖婚」譚という規定をすることができるかもしれないが、それに相当する物語があるだろうか。ガンガーとシャンタヌの婚姻の物語では、女神を神として絶対的にあがめることがもとめられ、女神がなにをしようと一言も口をはさんではならなかった。しかし生まれるこどもをつぎつぎに川へながすのを見て、八人目の子供のときにおもわず口をだした。シャンタヌ王は人間的感情から神にさからったのである。その結果、神の罰をこうむるとしたら、これは「聖婚」譚というより、「神罰」譚というべきかもしれない。

高句麗の始祖伝承で、朱蒙がうまれるのに天界の存在が二度、介入する。はじめは天郎のヘモスが下りてきて川の精である柳花と交わる。しかし、天郎は柳花と婚礼をあげただけで天へ帰ってしまう。ついで、柳花のところに太陽光がさしてきて、妊娠する。天郎が仕込んでいた種が太陽光で芽生えたようにもおもえなくはないが、直接的には柳花は太陽に愛されて朱蒙を生んだのであり、同時に柳花は天郎の妻なのである。天郎と柳花の婚姻が聖婚で、陽光によって朱蒙をはらむことは神霊に感じて子をはらむ異常出生譚であるとなるのかもしれない。

天郎というのが、天の住人であるのはいいが、神であるかどうかははっきりしない。孫悟空などという猿も天と地を往復しているが、神ではない。天女ウルヴァシや妖精メリュジーヌと人間との結びつきが、禁忌背反によってやぶれる話も、神と人間の中間的存在が登場する。昔話を中心にした説話学ではこれは異類婚姻譚である。聖婚とはいわないが、異類婚の相手はほとんど超越的存在である。フランスの妖精メリュジーヌの場合、神といわずに妖精というのは、キリスト教社会で「神」という概念が聖書の神以外につかえないからである。日本では「神」概念についてそのような禁忌はないが、蛇について、蛇婿譚と三輪山説話をどちらかというとわける傾向があり、相手を神と明示しない場合は蛇婿、神であると語る場合は三輪山型説話という。しかし、そのタイプの異類婚の典型が「天人女房」であるなら、神ではなくとも天人であり、あるいは蛇神や、森の神としての狐であり、忌避される場合も猿神である。異類婚説話は究極において、神霊との交渉をものがたる。一般に神、神霊と人間との結びつきは永続せず、悲劇的な結末、すなわち別離や人間のほうの夭折でおわるのが多いが、日本の異類婚でもその点はかわりはない。

神話そのものでもトヨタマヒメのように異類の様相を持っていると同時に、禁忌背反があり、別離がある。そこで別離のほうにウエートがある場合は、聖婚とはニュアンスを異にする。日本の昔話は「別れの美学」を強調すると河合隼雄はいう。この話もそのような昔話の色彩を持っており、事実、インドネシアの昔話の世界と共通する要素がみられる。

神話と昔話は、神話と儀礼以上に大きく異なるとはいえ、神婚譚に類する物語は日本でもどこでもある。その特性はその結びつきの性格が人間的レベルを超えていること、永続しないこと、世界の始まりや、すくなくとも一族の始祖の誕生にかかわること、そしてその出来事を世界あるいは宇宙がことほぐことであり、すなわち「聖性」の顕現があることである。聖性が発現されないときは、村里の昔話としての異類婚説話になる。鎮守の森の守り神であるカラスが色の黒いいい女になってやってきて、村の働き者の青年の嫁になっていたという「カラスの嫁ご」（秋田）といった物語でも、カラスをどこまで神として認識するかはその本質があらわされたときに聖性の顕現があるかどうかにかかわるだろう。物語の種類、タイプとしては違いはない。始祖譚で池の大蛇が嫁ないし婿になってきて、脇に鱗のある英雄の一族を生むという話では、聖婚の一種ではあっても、その結びつきが成就したときに天地がわれて、異常な現象がおこったとか、天と地が祝祭をあげたといった説明がない場合、聖性が希薄であるということになる。むしろ、「青葉の笛」の類の異類婚説話で、笛の音で結ばれた男女が、父親の許しがでないために別れさせられたとき、雷がなり、豪雨がふり、城が落雷で炎上するというように神の怒りがあらわれる例があり、聖婚より、神の怒りの物語になるのが日本では多い。

そもそも神と女神の結びつきで世界がつくられる場合も、天と地の祝祭、あるいは海洋攪拌のような一大イベントであるよりも、日本では男神と女神か棒の周りを回って抱き合ったというように、ごく日常的な様子で語られ、天地がどよめく状況はむしろスサノオが高天原へ駆け上ったときで、それも神々を生みだす聖婚のはずながら、日本では罪や悪の観念にそまった、祝福すべからざるものに変わるのである。天の安河での「うけひ」はほかの文化なら「聖婚」になりうるのが、日本では「聖なるもの」の概念を忌避し、神生みでありながら、それを聖なる愛の物語とせずに、闘争の物語としたのである。逆に、なんでもない空と海のまざりあう光景をヨーロッパでは、おおいなる愛の祝祭のように思い描く。

十九世紀の詩人ネルヴァルは、文化の揺籃の地を訪ねる旅を描いたテクストのなかで、地中海を渡る船の上で、朝日が暗い夜空と海のあいだからたち昇る瞬間に立ち会い、その絢爛たる天地の祝祭を、朝毎、オリエントの空とイオニアの海が聖なる口づけをかわすと語り（『東方の旅』）、海上の日の出を天と海の交合ないし接吻と見た。それは世界の始めに天と地、あるいは天と海の「聖なる抱擁」があって、そのとき炸裂する太陽光線に世界が包まれるように、世界は荘厳な光に溢れたという観念があったのであり、それをあらわすには、聖婚であれ、聖なる抱擁であれ、聖なる口づけであれ、いずれにしてもただの平俗なる出来事ではない特別なもの、特別な時間をあらわす表現がされたのである。

問題はそれを世界の神話がどこまで物語化していったかであり、また、毎日の日の出にしても、あるいは人々の日常的な男女の交合にしても、その究極の瞬間に天地がわれ、あるいは溶け合い、聖性が顕現するという認識をもったか、またそれをいかなる物語にしたかであって、日本の神話にはそのような性的高揚はすくなく、文学でもポルノグラフィーでなければ、性交の絶頂に神が顕現するという描写がされることはすくない。それにたいして、インドの神話、あるいはヨーロッパの文学などでは、性の賛歌が宇宙的レベルの創造の祝祭として語られることが多いのである。そして、そのおもとにシュメールの神話があるかどうかについては議論があるとしても、そこでも神々しいばかりの性の賛歌があることは間違いない。そのとき性の高揚が神を呼び起こし、聖性の顕現になるという思想があって、インド、メソポタミアではそのような神話があり、ヨーロッパでは抑圧されたものの、のちの文学ではそれがむしろ積極的に追及されたことはバタイユの『エロチスム』をみるまでもない。

いずれにしても神話学、宗教学などで安易に使われる概念の一つとしての「聖婚」概念を神話学においては確認しなおす必要がある。神話における愛の物語がすべて「聖婚」なのかというと、そうではなく、たんなる神々の浮気であることもあり、あるいは黄金の雨のように異常出生の様態のひとつであることもある。それ以上に聖なるものではなく、魔なるもの、つまり悪魔との性交、淫夢魔とのエクスタシーなどもある。各地の宗教の儀礼において、天と地の婚姻や、田畑の豊穣祈願儀礼などの模擬婚礼がある。神話ではセメレー、アドニスら、神に愛された人間の死の物語がある。蛇の形で人間に通ってきた神、乙女の生贄を要求する龍神や猿神は恐れられる。神と人の交わりは、聖なるもの、ことほぐもの。よろこばしきものとは限らない。

b 神婚、あるいは神のたわむれ

ゼウスが地上の女を誘惑するときは動物の姿をとることが多い。牛になってエウロペを誘拐し、白鳥となってレダとたわむれた。日本では三輪山の神が蛇になって女のもとに通った。ダナエにたいしてはゼウスは姿を見せずに黄金の雨となった。モンゴルではテントの煙出しから月光が黄色い犬となってやってきた。東南アジアや日本では太陽光線が女の股間にしのびいって妊娠させる。感精神話というが、女が裾をからげて用をたしているときに太陽が手をさしのべるというのが多い。沖縄で「てだの子」などというのがそれだが、その話に「聖婚」という言い方をするとかなり違和感があろう。しかしまた、それによって「神の子」がうまれたというなら、日光に感じた瞬間は聖なる瞬間であり、それを物語る神話はたんなる艶笑譚ではない。その婚姻は「神人婚」である。

ギリシアの太陽神アポロンが地上の女を誘惑するのはそれと同じ話かもしれないが、こちらでは変身も感精もなく、アポロンが人間のすがたでダフネをおいかけ、ダフネはそれをおそれて月桂樹に変身してのがれる。コロニスはニンフだが、アポロンに愛されて医療の神アスクレピオスをみごもりながら、人間の男の嫁になる。アポロンはそれを怒って彼女に死を送った。

女神ではキュベレがアティスを愛した話は複雑で、男女両性のアグディスティスが去勢をしてキュベレになり、切られた男根がアーモンドの木になってその実を食べたニンフがアティスを生んだという。アティスはキュベレに愛されたが女神に仕えるために去勢をして死んだという。死んだアティスは松の木になる。アーモンドや松という植物の霊が美青年になって女神にいっとき愛された話ともみられる。

アドニスがアプロディテ（ウェヌス）に愛された話もやはり複雑で、父親に愛された娘ミュラから生まれたアドニスがアプロディテに愛されるが同時に冥界の女神ペルセポネにも愛され、年の半分ずつ、ふたりの女神のもとですごしたという。アドニスは狩りをこのんで、狩りの最中に猪に突き殺された。殺されたアドニスはアネモネになったというが、ヨーロッパで「アドニス」というと福寿草をさす。アプロディテはミルテをそのシンボルにする。やはり植物の精たちの物語ともみられる。アドニスの死をなげくウェヌスはルネサンス時代、画題としてこのまれた。そのいくつかは後の「愛の図像学」で紹介する。

女神と人間の結びつきでは海の女神テティスとペーレウスの話がある。もっともペーレウスには妻がいたが、主君の后に言い寄られ、それをしりぞけたために讒言をされて、その偽りの情報をきいた妻がくびれて死んだ。発端は聖書の「ポテパルの妻」やエジプトの「二人兄弟」の話と同じだが、妻がくびれて死ぬというところが違う。そのあと、後妻としてテティスをむかえようとし、さまざまなものに姿をかえてのがれようとする女神をしっかりつかんではなさずに目的を達した。つまり、これも略奪婚である。海の神がさまざまに姿をかえるのは、「海の老人」でも同じだが、このテティスからアキレウスが生まれる。そのアキレウスを不死にしようと火に投じているのをペーレウスが見て騒いだので、女神は海底に去る。そのあたりは、女神デメテルがトリプトメレスを火にかざして不死にしようとしたこととも、またインドの女神ガンガーと一緒になったシャンタヌ王が、うまれた子供をガンジス河に投じようとする女神をとがめたために、神婚がやぶれたのと同じである。

これらはいずれも、神々のあいだの関係であれ、神と人間の関係であれ、聖婚ではなく、神婚ではあっても、永続はしなかった。日本ではトヨタマヒメと山幸が結ばれ、皇統を生むが、山幸の側の禁忌背反で別離に至る。子を生むだけの結びつきだったともみられ、異類婚による始祖誕生譚とみられる。

キリスト教で修道女が神の花嫁とよばれる。日本でも折口がとなえたような神の嫁をめぐる習俗、儀礼、説話がある。ただ、それらを聖婚とはいうまい。それでも神の嫁となる巫女、斎宮、あるいは修道女は一生、あるいはかなりな長期間、神に仕える。そういった斎宮の「愛」などを問題にした論や作品は本書でもとりあげる。それにたいして、神おろしの儀礼で、祭壇に神をむかえるために、床をしいて花嫁を寝かせておくときはすくなくともその夜ひと夜で、年に一回である。つまり儀礼として神と同衾することは「床入り儀礼」であり、あるいは祭司と女祭司が儀礼の中で交接して恍惚状態となって神をむかえ、あるいは神をあらわすことは、シャーマニスムで旋回舞踏などをしながらエクスタシーに達することと同じで、「神おろし儀礼」であろう。また王が即位式において馬などと模擬婚礼をおこなうこと、田畑の予祝儀礼において男女が交接のもどきをすることは、それぞれ王の権威を天からうけいれることや、畑の豊饒をもたらすためのさまざまな儀礼のひとつで、雨乞い儀礼で牛を殺すことが牛殺し自体より、雨乞いという目的が主たるものであるのと同じく、その目的を達するには牛を殺すのではなく、馬でも豚でもいいかもしれないし、絵に描いた馬で代用させてもいいし、あるいは演舞で雨をよんでもいいかもしれない。いずれにしても神をまつる儀礼のひとつの形式で、供物を捧げる、舞踏をおこなう、火をもす、苦行をおこなうといういくつかのカテゴリーのなかで、神との同衾や、処女の奉献がおこなわれるのである。それらの儀礼は年々くりかえされるあいだに形式的になってきて、恐ろしい神との合体の不安と恍惚は忘れられる。

物語においてはそうではなく、神が地上の男女を好ましくおもって通ってくる、あるいはその人間をさらってゆくときに、ヒエロス・ガモスがなりたつ。あるいは神が女神と結婚する。儀礼においてもそれを模倣して神をたたえる。そのときに、そのような儀礼は歴史的に証明されないなどといっても無意味である。神と人間の特権的な状況における婚姻の物語が神話で語られ、それをのちのち、儀礼として反復して祀ったと、神話で語っているなら、神話的に事実なのである。キュベレとアッティスの愛、ウェヌス（アプロディテ）とアドニスの愛などはそれをめぐる物語が神話として語り継がれながら、それと並行して年々の祭式がくみたてられる。

その場合、神と人との交わりは永続せず、神に愛された人間は夭折しなければならないが、神としては、一時の浮気で、ふと見かけた女のところへ黄金の雨となってふりそそいだり、白鳥となってレダとたわむれたりする。神のきまぐれ、浮気と、一定期間の「通婚」とはやはりちがって、ゼウスが黄金の雨となってダナエと交わったことは「聖婚」とはいいがたいし、ウェヌスがアドニスを愛しても、女神にはヘーパイストスという夫がいる。これらは婚姻ですらないが、神が地上にあらわれて、一定期間、人間と神聖な婚姻関係をむすんで神の種を人間にさずけ、やがて天へ去ってゆくという話はたしかに存在する。七夕では、織女を神とはふつうは認識しないが、やはり神的存在であり、これは語り方にもよるだろうが、広い意味では神人婚の神話なのである。

女神に愛された美青年の話ではキーツが詩にうたったエンディミヨンがいる。月の女神セレネーは羊飼いの青年エンディミヨンを愛し、いつまでも愛することができるように永遠の眠りにつかせた。永遠の眠りは死にほかならず、女神に愛された青年が夭折するためしのひとつともみられるが、あえて、眠っているのだとすれば、「眠れる美女」のひとつで、といってもペローの物語ではなく川端康成の物語にちかく、青年を心変わりをおそれずにおもいのままに愛せるように眠らせたのだともいう。青年の美が老年になってうしなわれることを惜しんだためともいうし、夜のあいだしかあらわれない月神が、彼女のいない昼のあいだに青年が浮気をするのを嫉妬して、眠らせたのだともいう。その場合は、夜、セレネーが月からおりてくればエンディミヨンはそのときだけ目覚めて、女神と情をかわす。しかし、おおむねセレネーは眠っている青年をいとおしむだけで、肉の交わりなどは必要としないともいわれる。精神の愛でもなく、肉の愛でもない。ただ、美しいものを、人にはみせずに所有して慈しむ骨董趣味のようなものともみられる。生身の人間同士の愛では、このような「セレネーの愛」は不可能であろう。川端康成のえがく老人(「眠れる美女」)も眠れる少女を「愛する」とはいいがたい。

女神に愛されて夭折した青年ではオリオンもいる。暁の女神エオスに愛され、アルテミスがそれを憤って殺したとも、アルテミス自身に愛されたのを女神の兄のアポロンがはかって、死ぬようにしむけたともいう。そこではいずれにしても死ぬべき人間が不死の神に愛されるのがふさわしくないとして殺されるのである。神に愛された人間が死ななければならないという話の一つの解釈ともみられる。

神に愛されて死んだ女としてはゼウスに愛されたセメレーがいる。ここではゼウスは人間の姿でセメレーとあいびきをかわしている。セメレーが恋人の素性を知ろうとして、神なら本当の姿できて欲しいという。三輪山の蛇神に愛されたヤマトトトビモモソヒメも同じ願いを口にして恋人を失い、死をもたらされた。セメレーの場合、神は本来の姿である雷神として雷鳴を轟かせながらやってきて、セメレーは雷撃にあって焼け死ぬ。死ぬ前に胎内にいたディオニュソスをゼウスがとりだして自分の太腿に縫いこんだ。神は雷ではなくとも、まばゆい光を放ってあらわれて恋人の目を潰すかもしれない。オリオンが盲目になったのもそのせいだと考えてもいい。あるいは冥界の女神ペルセポネに愛されたというのも女神に愛されることがすなわち死ぬことであることの言い換えだったかもしれない。

ゼウスの浮気はセメレーだけでなく、エウロペ、イオ、レダ、とさまざまである。そのなかで、フェニキア王女エウロペはセメレーの叔母にあたる。これらはいずれも通りすがりのゼウスの浮気で、それに対して正妻のヘラが嫉妬する。神々が人間の男女に手をつけるのは、神々のほうでは恩恵のつもりであり、人間のほうでは、恍惚と死とを同時に与えられるものでもあった。その結果、セメレーはディオニュソスを生み、コロニスはアスクレピオスを、レダはヘレネを生む。そのディオニュソスはテセウスに捨てられて泣き悲しんでいたアリアドネをみかけて、これを愛した。このディオニュソス(バッコス)の愛は神々の愛にしては本当の愛で、アリアドネと仲よく馬車に乗ったりしている情景が描かれる。ふつうはレア・シルヴィアを孕ませたマルス(アレース)のように、神々の愛は一夜限りである。

ニニギノミコトはコノハナサクヤヒメをめとって、ただ一夜しか交わらなかった。その結果、子供がうまれるのだが、たった一夜ではらむはずはないと神はいい、コノハナサクヤヒメは、自分の産屋に火をはなって火のなかで子を生み、これが不義の子であれば火に焼かれるであろうといった。神の愛は日本でも一夜かぎりだったのである。

ちなみに「婚」という言葉がなにをさすかだが、いまの日本語では「結婚」を想像するし、『古事記』ではたとえば仁徳天皇が八田若郎女と「婚ひしたまひき」というときには「まぐはひ」で、性交を意味し、のちには「御合ひ」ともいう。ここでは儀式的な婚礼はあげていない。天の日槍も赤玉変じた美女と「婚ひして」いる。春山霞壮夫もいずし乙女を「婚ひ」している。后あるいはそれに類するものにするときは「娶して」という。軽皇子と衣通姫は「たはけて」である。その意味では「近親婚」といっても、近親同士で婚礼をあげるのではなく、ひそかに通じ合うだけでも「近親婚」になりえたかもしれないが、現在の用法では「婚」は「婚儀」「婚礼」で、社会的な「結婚」をさす。

神霊と人間との交わりでも、相手が下級の精霊であれば神婚（神人婚）とはいいがたい。神であっても土公神や厠神などのようにさして聖性が顕著でないものがある。森や岩にやどる神霊であれば聖なるものであっても能動性を欠き、神格をむしろ欠くのである。こういった精霊のうち淫夢魔などというものが寝ている人間にのしかかっても「神婚」は成立しないが、インド古説話のアプサラスと王であれば、聖なる結びつきかもしれない。聖性は人間がそれを認識するとき、あるいは演出する時に、聖なる時間と空間にあらわれるともいえる。つまりおおいなる祭りにおいて、神をむかえ、あるいは変身の神秘などが実現するときには聖性があらわれる。それが象徴的であれ、性交によって実現されるなら、それは聖なる婚姻なのである。そのようなものを宇宙の根源や、年のはじめなど特別な時の神の顕現の様態とするならそれは聖なる婚姻である。神話としては、男女両原理の交接による世界創造、あるいは聖性の顕現とそれにともなう世界秩序の壊乱と再生のみられる神と人との交接の物語に聖婚譚という規定があてはまる。世界創造を男女の交接の比喩で物語り、かつそれに世界中が参加する一大イベントとしてかたる海洋撹拌神話、あるいは宇宙卵がわれて世界ができたあとにつづく、男女神の交接による創造と混乱をものがたるオセアニアの創造神話などにはあきらかな性的要素がみられ、「聖婚」の概念をあてはめたい誘惑にかられる。そうすればどうなるのかといえば、この神話は父神と母神の交接とその絶頂における痙攣をあらわしているので、そこで火の雨がふったり、火山が噴火したり、大地震がおこったりするのは両神の性的高揚をあらわすもので、決して世界の破滅ではなく、そこからさまざまなものがうまれてくるのだということができる。

おのごろ島神話も洪水神話の断片であるより聖婚神話の隠蔽されたものであるといえば、つぎつぎに島がうまれてゆくのは、天地はじめの壮大な祝祭の場面であり、そのあとには火山の噴火がつづき、最後にことをおえたふたりが死によってへだてられるところまでが一連の死にいたる性愛の神話であるということができる。

スサノオの場合も、天の安河のほとりの「うけひ」の場を通常の解釈ではなく、「聖婚」であると解釈すれば、天地がとよめいたのも、白いさぎりがこりかたまったのも、すべて自然大のサイズのおおいなる神々が性交をして天地がふるえ、精液がほとばしった様子だともいえるのである。天の川神話も、ヘラの乳がほとばしったという神話もひとつの解釈なら、ゼウスの精液がとびちったのだとするのもひとつの解釈であるということになる。

世界のはじめには天と地のふたりの神による聖婚が必要であり、その絶頂で宇宙のビッグバンがおこり、山々が火をふき、星が誕生し、生命が誕生する。それを儀礼的に再現する季節的大祭で、人間の女とおおいなる神が性交をするときにも、その原初の驚異が再現されるので、雷霆のとどろく宇宙の祝祭のさなかにセメレーは死ななければならず、しかし、その閃光のさなかにあらたな神であるディオニュソスが生まれる。これもたんに神に愛された女の死ではなく、宇宙のあたらしい秩序をあたらしい神とともにつくりだす聖婚なのであるということもできるに違いない。

「聖婚」というかわりに「聖なる愛」、あるいは「聖なる恋」（倉田百三『出家とその弟子』）といったとき、世界のすべての国の神々と人間の世界がその「聖愛」の光につつまれる。

c 性的な即位儀礼

「聖なる婚姻」のテーマがさまざまな神話で語られること、また儀礼において、神々、あるいは神と神官との「婚礼」の「もどき」が演じられることはたしかで、それをさししめすのに「聖婚」という概念がふさわしくないなら、あえていえば、名前はどうでもいい。天と地の交わりは「聖なる」婚姻であり、神々の結婚はまさに神々の婚姻であり、神と人との交わりは、神のたわむれであることもあっても、人間にとってはつねに真剣なもので、神に愛された人間は夭折する。ある時、神に愛された女が神隠しにあったように姿がみえなくなったなら、彼女は人の目のとどかないところで、神につかえる巫女になったのである。

それをあえて、人々の目の前で行うとすれば、それは始祖伝承を反復する即位儀礼になることが多い。たとえばインドの即位儀礼アハシュメドヴァで、王の后が馬（の死体）と同衾する、あるいは性交のもどきをするのは、象徴的にいえばまさに「聖婚」である。しかし、吉野裕子氏などの言い方をかりれば、それらはあくまで「性交のもどき」で、「演技」である。しかし、その「演技」が「聖なるもの」を喚起するなら「聖婚」であってさしつかえない。しかし、それが王権儀礼であるなら、王の婚姻であり、「聖婚」とは意味が異なる。王ないし王妃が、神を象徴的に迎えて、王統の神性を確認し、誇示するのである。神を迎えた王妃がみごもった王子は神の子である。最初の王も天の神が降臨した形である。ふだんは人間と同じように行動していても、神を迎える大祭の際は、神となって后と交わる。即位の際にも王はその神性を性的儀礼で証明する。神の子を生む床入り儀礼で、后が受け入れる神霊を王は憑坐《よりまし》となって体現していなければならない。それを神秘的な即位儀礼において可視的に示すのである。

日本の農村の霜月祭りなどでの爺婆の性交のもどきも、翌年の豊饒という物質的なものしか対象にしないなら、「聖なるもの」がみえてこない。日本においては「魔なるもの」もあまり顕著ではないが、それでも「聖なるもの」よりは存在感がある。そして、これは昔話などの世界でも同じだが、ほかの文化では宇宙的な規模で語られる聖性の顕現が、日本ではむしろ鬼あるいは「魔」なるものの顕れとして演じられ、村の日常の日々の「はれ」と「け」の小世界に還元されてしまう。そして、朝廷での儀礼ではなく、村里での儀礼であれば、その儀礼の神話的広がりははるかに卑俗なものに縮小される。

それは世界神話のなかでの特異な現象である。一般にインドやヨーロッパでは、宗教儀礼も即位儀礼も聖性の顕現を目的としており、王と后であっても、儀礼の中で交接を行うなら、普段の床のなかでの同衾とはちがって、聖なるものをよびおこすものとなる。あるいは「演技」であっても、神を演ずるのである。儀礼においては、供え物も聖餐である。犠牲も聖なる供犠である。でなければただの血なまぐさい殺戮にしかすぎない。日本の農村の性交のもどきには神も聖性も顕現しない。舞台も国や王城ではなく、村里である。

儀礼でも神話でも、聖なるものをよびおこすものであれば、それは「聖なる婚礼」、あるいは「聖なる性交」であり、王の権威にかかわるものであれば、「王権儀礼」である。魔が出現するなら魔宴であり、畑で豊作が保証されるなら農耕儀礼である。

神話においては、一方が神であっても、蛇などの異類として現れているかぎりは異類婚姻譚である。しかし三輪山説話では、蛇が神であることが明かされる。女がそれによって死ぬのも、聖なるもの、あるいは神の領域に踏み込んでそれを冒瀆したからである。女の死は神の怒りの結果である。「聖婚」を、女のあさはかさ、あるいは禁忌背反が解消した。ともに天に昇るなら「聖婚」が成就したことになる。「七夕」は牛飼いが神になりそこなった物語であり、やはり聖婚に失敗した物語である。それが神話として機能するのは、むしろ山中の池の主の蛇が城主の寝屋に通ってきて、情をかわし、そのとき、人々の目には城の天守閣に雷鳴がはためくようにも見え、その後、脇に鱗のある豪傑がうまれて、国威を発揚する。蛇や竜と人間が交わって一族の始祖となるのは、信濃、肥後、越後などの豪族の伝承として語られる。朝廷でも、じつは竜ないしワニであったというトヨタマヒメとホオリの命の超自然的な結びつきを語るのである。ただ、儀礼としては象徴化が進み、もとの意味が忘れられ、形式化してゆく。

この種の儀礼は世界の各地で、かなり生な形でみられる。それは神聖な時間と場所において厳格な儀礼にのっとっておこなわれる性的象徴の行為であり、これを聖婚となづけるのは、それによって神を迎えること、神をねぎおろすこと、神の恩寵を王国に期待することが含意されているのである。

ヨーロッパでは春祭りで、毛皮を着て、顔に墨をぬった「熊」が、村娘ロスメルダにおそいかかって性交のもどきをする。この場合、「熊」あるいは「冬の王」は狩人に撃ち殺されたり、毛をそられたりするのだが、その結末の相違を問題にするかどうかでいえば、聖婚よりは冬を殺す春の儀礼とみられるが、やはりこれも「聖婚」であるとすれば、これはこれで比較の展望がひらける。昔話では「眠り姫」は春になって眠っていた植物霊がめざめ、世界が祝婚の歌をうたうという物語で、これもペローの場合は、そのあとに王子の母親が生まれた子どもたち（オロール＝曙など）を殺して食べたいと言いだすといった、とても聖婚とはいえない話がでてくるとしても、物語の結末が差し替え可能で、ほかの物語と接続したり、意外な展開をみせたりするとしても驚くことではない。

農耕神話は重要だが、日本で稲作神話をとくに強調するのは世界神話のなかで日本をガラパゴス化する危険をもっている。世界的には水稲栽培地域はかなり限定されており、小麦耕作が主流である。世界の農耕神話は小麦、あるいはアメリカのトウモロコシを中心にしている。そこでたとえばナイルの乾季と雨季とそれに対応する洪水の季節の循環にしたがって語られる植物の死と再生の神話がある。その場合、洪水の水にひたされた国土を豊饒の地として、あたかも「豊葦原瑞穂の国」とでもいうような表現をするエジプトの神話と、日本の神話のある面が並行すると同時に、水稲にこだわれば、異なってくる。

カナーンの地でも「地中海型」とよばれる季節の交替のドラマがある。バアールが倒れるとモート

（死）が支配し、モートが倒れるとバアールが支配する。雨季と乾季の交代。その中心に「神の花嫁」アナトがいる。アナトは、「花婿神」バアールの再生を左右する生命原理である（山形『聖母マリア崇拝の謎』70～71頁）

古代中近東の「神殿娼婦」の問題は、「愛」にはかかわらないものと思われる。神殿で神に仕える女がすべて神の嫁であり、その「神との婚姻」を旅人、あるいは祭司王との間で実現したという場合も、この問題とは異なっている。しかし、ある種の宗教においては、「愛」にかかわる習俗であった可能性もあり、その点はつぎに略述する。

3 物象の世界の愛

地上の生活で「愛」はどのような形で営まれるだろう。まずは宗教的な儀礼で、愛が具体的にあらわされることがある。日本の仏教では性愛儀礼はまずみられないが、聖天は歓喜天ともいい、男女合一像であらわされる。道祖神も男女抱擁像でしめされる。インドではコナラクやカジュラホにミトゥナと呼ぶ男女性愛像がかざられている。そしてどこでも陽石というファロスをかたどった石棒などが祀られる。人間同士の愛は精神的なものが優先するとされ、ある種の神秘ともみなされるが、ペットとしての犬猫への愛は非精神的なものとみなされ、愛撫、あるいは金魚などだと、観賞の対象とされる。

a 性愛の儀礼

これは「聖婚」の枠内で論じられているものだが、性愛の儀礼がある。ディオニュソスの祭りでは祭祀王の后が神と同衾する。オットーはその秘儀が行われたのは神殿ではなく、祭司王の館で、神が騒々しく来臨したのだという。それはどちらでもいいだろう。王妃が神像に添い寝したともいう。性の祭りである。祭司が神の嫁になるということは日本でもみとめられると折口は考える。

神殿売春もふくめて、あるいはアティス祭などの性的オーギアもふくめて、ある種の宗教儀礼では性愛の実修がみられる。信者同士が神をたたえて、あるいは神の復活を祝って、性的放縦にふける。あるいは信者代表のような祭祀王后が神と同衾する。これは形式だけの場合もあれば、祭祀王が神になりかわって后と儀礼的に同衾する場合もあり、また、異人を来訪神とみなして、それと神殿で神殿売春として交わる場合もある。また黒ミサなどで、性交のうちに神をよびだすものもある。いずれも、神事において、性愛、あるいは性行動が行われるのである。

イラン系遊牧民の風習として、かつてはシベリア諸民族の間にみられた性的異人歓待は、オセアニアでもみられるが、僻遠の地で、異人の訪問がまれであるときには、たまたまおとずれた異人は神とみなされることもあっただろう。同族しかまわりにいない隔絶した環境で、族外婚を実行するには来訪者を歓待し、床をともにしてもらうことが必須であったのみならず、それと神をまつる儀礼がひとつになったものとも考えられる。

神がまれびとであるということ、族外者の極端な例であること、それが来訪者歓待の風習の宗教的意味付けになる。神殿売春でも、神殿での神との神婚でも、要するに来訪者歓待の極限的形式であるともみられる。さらにはそれは三輪山説話のように、夜ごとおとずれる異人との交わりにもなるであろう。日本ではそれは儀礼より物語となっており、神をまつる形式にはあまりつらならないが、異類の姿で女のもとをおとずれる神との愛の物語は、来訪者歓待儀礼とも解されるのである。

b ファロスと性神

一般に農耕文化では田畑の豊饒を性神にいのる。豊饒力を水にみるときは、水の神、河のなかに住む牛神などに犠牲を捧げる。牛は畑では土地をたがやして、地力を更新する。満々と水をたたえて、流域平野に実りをもたらして流れる大河と、大地をたがやして豊饒をもたらす牛が同一視されるのである。地理的に山がちの狭い土地では大河もなく、牛をつかった犂耕も発達せず、山間をちょろちょろと流れる水を蛇の形でまつったり、その蛇が鎌首をもたげる姿を勃起した男根とみたてて、男根型の陽石、石棒、金精様などをまつる。男根の性力、生殖力を田畑に期待するのである。そのまえは尻の大きな女神をまつった。豊饒を動物の繁殖力にみる牧畜社会もあり、その神話的あらわれは多岐にわたるが、古代ヨーロッパが女神を、メソポタミアが牡牛を、エジプトが乳をだす牝牛を豊饒のシンボルとしたなら、ギリシアではファロスの祭りが行われた。インドでもファロスをかたどったリンガを崇拝した。日本も農村ではとくに東北部で金精信仰などが盛んだった。

儀礼においてはファロスの行進がディオニュソス祭でも、日本の田県神社（愛知県）でもみられる。あるいはリンガ信仰やヘルメス柱がある。ディオニュソス信仰で男根がかつぎだされるのはインドのリンガ信仰の導入ともいわれる(「ディオニュソスはインドから貴重な神殿装飾品を二個の巨大なファロスともども持ってきた」『エロスの系譜』68頁)。ディオニュソスは翼をつけた「鳥の姿のファロス」

でも信仰される。豊饒儀礼あるいは精力信仰で、精力の弱まった男も、子宝祈願の女性も参拝する。

これらの儀礼あるいは宗教的造形は、かならずしも神話にはならないようにも思われる。道祖神でファロスをかたどったものもあるが同様である。生殖、豊饒、性の信仰である。道祖神一般については「愛の信仰」ということもあるが、村境に男女和合像をおいて、邪霊の侵入を防ぐもので、村の中心にあればともかく、境界、あるいは村境におかれる以上は僻邪である。道祖神の起源説話で、兄と妹が離れて育ち、あるとき出会って恋に落ちて、一緒になったが、やがて、互いの素性がわかって、兄妹であることを恥じて淵に身を投げた。村人がそれを憐れんで、石に彫って祀ったというのである。その場合は陰陽石のような性神としてではなく、男女和合像としての道祖神だろう。韓国の神話で、兄と妹が旅をしているうち、雨にあい、濡れた衣が妹のからだにはりついているのを見た兄が欲情をおこして、それを恥じ、みずから、石で男根を砕いて死んだという。いずれも、ファロスをあがめる神話ではなく、ファロスにあらわされた人間の業をおぞましいものとおもう思想である。子をさずかることを願う女が陽石に腰をすりつけて祈願するような事例は多いが、神話として、ファロスの神が光とともに顕現して、女を包み、やがて、待望の子供ができたというような物語はすくない。陽光が差し込んできてという感精神話で、チュルク族では黄色い犬がテントの煙出しから入ってきて女と交わったというし、黄金の雨がふりそそいだといった表現もあるが、天空に巨大なファロスがあらわれて、光かがやいて女の身体に入ったというような話にはならない。金星が女の腹に飛び込んだというのは、日蓮などの高僧の誕生神話にみられ、ベツレヘムの星も厩やのかたわらの井戸に落ちたという話もあって、同様の解釈をされることもあるが、いずれも、幻視としてもファロスの形はとらない。

もっとも、インドでは、火の神アグニを祀っていたら、焔がファロスの形になって、女司祭をみごもらせたという神話がある。アグニがファロスになったのである。焔のファロスである。ファロスの神格化はギリシアではプリアポスだが、エジプトでけファロスを屹立させた神が豊饒をあらわす。ミンがその例である。しかし「恐ろしい女神」セクメトがファロスを屹立させたライオンとして描かれることがあるのは、「恐ろしさ」を表わしたものだろう。イシスやホルスが頭上につける、あるいは太陽神が頭上にいただく日輪をかこむコブラ・ウラエウスは男根的象徴である。このコブラはのどをふくらませた、「勃起」したファロス的な形をしている。これは灼熱の太陽の破壊的な力をあらわす。乳を無際限にながす天空の牝牛の崇拝とちがって、「豊饒」にもいくつかのカテゴリーがあることがわかる。一般にファロス、それも屹立したファロスは力をあらわし、むしろ恐ろしいものとされ、愛らしいもの、愛そのものにはならないようである。

ちなみに愛神エロスのファロスは画像ではめったに勃起しては描かれない。またファロス神プリアポスはどちらかというと道化役で、愛にめぐまれる神ではない。プリアポスの父神とされるディオニュソスにも、その儀礼では巨大なファロスが捧げられるが、像では男根は描かれないか、とくに強調されない。むしろヘルメスが「ヘルメス柱」という形で、男根をそびえたたせる。これは儀礼の祭壇柱ではなく、道路の境界石、あるいは里程標である。これがなぜファロスを屹立させているのかは不明である。たとえば、これに祈願して子宝をさずかるということはないようである。まして愛にめぐまれる呪術にもちいられることもないようだ。ファロス＝愛という図式はギリシアでは成立しない。

ヘロドトスにはニュクス（夜）の娘としてピロテスがいるとされるが、これは岩波文庫では「愛欲」

とされるものの、高津春繁は「友愛」としている。だいたい、タナトス（死）やモイラ（運命）やネメシス（復讐）を生んだあとにアパテ（欺瞞）とともにピロテスを生んでいるのである。そのあとはゲラス（老齢）とエリス（争い）を生む。ギリシアでも純愛、精神愛、などを司る神は生まれなかった。ましてファロスに精神的な愛の象徴をみる文化はない。ギリシア彫刻は裸の神を彫っても、ファロスを屹立させることはなく、むしろふつうより小さく描く。それをかわいらしいといって愛玩する女性もいなくはない。巨大なファロスが勃起したときより、ちいさなものがおとなしくちぢこまっているほうが、女性には「愛」を感じさせるのではないだろうか。プリアポスの巨大なファロスは滑稽であり、愛神エロスのちんまりとした、あるいはちいさなどんぐりくらいのものが、愛らしく、あるいは神々しくさえ見えるかもしれない。

c 動物への愛

ファロスは精神的な愛の象徴ではなく、動物的な性のシンボルで、馬やロバ、あるいは山羊が大きなペニスをつけた姿で描かれ、牛と愛しあったパシパエのような神話が語られた。『黄金のロバ』（アプレイウス）では、魔法でロバにされた青年が女魔法使いの性的奴隷にさせられた。しかし、動物と人間が愛しあう話では、蛇の場合を別にすると、物語のなかで性交を語ることはすくない。むしろ、人間同士より、精神的な純愛に近いものが描かれる。

『美女と野獣』は、野獣が実は王子であったという結末になるのだが、愛の神秘を語るときに、はたしてそのような「ハッピーエンド」が必要なのだろうか？　どんなにみにくい人でも、障害があっても、本当の愛がめばえたらどうでもいいのではないだろうか？　野獣を野獣のままで愛することはできないのだろうか？

野獣ではなく、ペットだったらどうだろう。その場合は男女、夫婦の愛ではないが、たとえば犬や馬と飼い主のあいだに本当の愛情がうまれることはないのだろうか。顔の美醜、職業や身分の貴賤、貧富の差などをいっさい捨てて、人と犬、あるいは馬が愛しあうといえば、言葉の問題で、それを「愛」といっていいのかという戸惑いがあるとしても、犬を愛撫してやると信頼しきって満足した恍惚とした表情を浮かべることはないだろうか。しばらく留守にして帰ってくると飼い犬は大喜びで跳びついて歓迎しないだろうか？　オデュッセウスの帰還をすぐに気がついて喜んだのは犬だけだった。また一緒に散歩に行ったときに、飼い主が転んで倒れたりすると心配して助け起こそうとしたり、怪我をしていればそこをなめて治そうとしたりする犬はいないだろうか？　心配事があって考え込んだりしたときに、その犬が近寄ってきて、元気づけるように顔を見上げたりすることはないだろうか？

犬のほうが大事という人はいくらでもいるが、若くして他界した哲学者、池田晶子にとっても犬が最大の伴侶だった。「人と犬との関係は、人と人との関係と、基本的にはまったく同じ、そこに愛があるか否か、それはもう電光石火でわかるのだ」（『死とはなにか』67頁）。「この広い世界、果てしない宇宙の中で、誰かと誰かとが出会う、出会って愛し合うなんてことは、なんという偶然、なんというありがたいことでしょう」（同書92頁）。ここで「誰か」といっているのが、犬である。

中勘助『犬』はすこし特殊な人と犬の関係である。隠者が女をいつまでも自分のおもうままにできるように犬にして、自分も犬になった。

猫は一般に利己的で冷たいというが、世間で猫好き、猫気違いは、犬好きより多いかもしれない。文学でもコレットの猫好きは有名だし、谷崎も『猫と庄三とふたりの女』で、女より猫が大事だという男を描いた。倉橋由美子は猫と人間の恋物語を描いた（『結婚』）。多和田葉子は昔話から出発しながら「犬婿入り」を書いたし、ペットではないが、蛇との婚姻譚はむかしからいろいろある。

そのような、飼い主とペットとの愛情と、発情期に雄雌が目の色を変えて相手を求めるのはまったく別だが、そちらでは交接をはたしたらさっさとわかれていってあとをひかないものであり、動物の生殖行動と愛情とは別なように思われる。動物には発情期があり、人間にはそれはなくて年中発情しているといった言い方をするのはただしくはない。アルベローニは、人間は思春期にはげしい恋愛感情をおぼえ、その後はだんだんおだやかになってゆくので、それが動物の発情期に相当するとみている。その発情期的な異性をもとめる肉体的な欲動を「愛」と誤解しているひとがすくなくない。世の「恋愛論」はスタンダールの古典でもそうで、それ以外の本当に人間らしい愛情などを問題にしたものはないのである。スザンヌ・リラールがアベラルドゥスとエロイーズの愛こそ本当の愛だといっているときに、彼らが肉体の愛を断念してもなお、精神的につながっていたことを考えているのかどうかはっきりはしないが、性をきりはなしても、愛が可能だということは、目がみえなくとも、手足が不自由でも、愛が可能だということと同じで、人は五体不完全でも、性器に欠陥があっても、愛を覚え、愛に応えることはできるのである。そして、犬や馬と感情をかよわせるとき、「愛」と呼んでいいような関係が生まれることは稀ではなく、神話的昔話では「犬婿」、「白猫」、「馬娘婚姻譚」などがあり、ヨーロッパの山岳地帯では「熊とナネット」「熊のジャン」などという熊と人間の通婚譚が語られる。

第II章 世界の愛の神話——ヨーロッパとアジア

世界のどこでも愛の神話は存在する。ただ地域によっては、明示されないこともある。明示されているもののうち、主なものを見てみよう。

1 ギリシアの神話

ギリシア神話では、そもそもエロスが混沌から万物を生成する原理とされた。その後、世界ができあがって、はじめは天空神ウラノスが大地ガイアにおおいかぶさりながら世界をあらわしていたが、その子クロノスが父親の性器を切り落として、ウラノスを天のかなたに追放し、かわりに世界の支配権を手にし、レアを妻として神々を生んでいったが、その子のひとりゼウスによって「巨人戦争（ティタノマキア)」で覇権を奪われる。そのあと、ゼウスがヘラを后とし、オリュンポスで世界秩序を構築する。ゼウスとヘラの婚姻では「愛」はあまり問題にされず、むしろ、ゼウスが仲間の神々や地上の女たちをつぎつぎに誘惑するたびに、ヘラが嫉妬するという場面でのみ「結婚生活における愛」というささか微妙な形で「愛情問題」が語られる。ゼウスがさまざまな女性を誘惑するさまは、「愛の図像学」の章で紹介する。

ゼウスが万象にそれぞれを司る神々を当てはめたとき、「愛」は美の神アプロディテが生んだ二番目のエロスの担当となり、「婚姻」は別の女神ヒュメンの担当となった。ほかに出産の女神もいるし、穀物の豊饒の女神もいる。愛欲はヒメロス(あるいはピロテス)となった。かくて、さまざまに役割分担がされたので、万物の繁殖・豊饒の原理・生成力としての原初のエロスとは、アプロディテの子の第二のエロスははなはだ異なった役割を担わされたことになる。彼はその矢で人間同士特定の相手を好きになるようにするのである。そこで生まれるのは愛の感情であり、かならずしも性欲ではない。

しかしギリシア神話では、いわゆる「純愛」はまれで、むしろ特異な形が語られる。不倫、オナニー、獣姦、フェティシスム、近親婚、強姦、略奪婚などである。

a ヘーパイストスの愛

鍛冶神ヘーパイストスは美神アプロディテと結ばれる。しかし愛情は紡がれなかった。アプロディテは公然と軍神アレスとの情事に耽る。妻に相手にされないヘーパイストスはアテネ女神に欲望をいだき、抱きしめようとする。しかし女神にしりぞけられ、精液がほとばしりでる。そこから子ども(エリクトニオス）が生まれる。これはゼウスがもらした精液からアグディスティスが生まれたという神話と対をなす。アグディスティスは男女両性だったが、神々がその男根を切り取って女にした。男根からはアーモンドがはえ、その実を食べたニンフがアティスを生んだ。そのアティスにアグディスティスが恋をしたというのは、親子の愛ともみられる。アティスはのちにキュベレに愛され、その愛のために男根を切り取って女神への犠牲とした。切られた男根から生まれた美少年が自分の男根を切り取って女神に奉納したのは、誕生の呪いによるともみられる。この一連の神話のもとには、クロノスが男根を切られて、その切られた男根からアプロディテが生まれたという話があろう。そのアプロディテがヘーパイストスの妻になり、ヘーパイストスを裏切るのである。これもヘーパイストスの男根を妻が切り取ったことにも等しいだろう。そもそも天から落とされて、足をくじいたときから、愛の呪い、あるいは不能の呪い、去勢の呪いがつきまとうのである。なお、この一連の神話における去勢は男根ではなく、睾丸だともいうが、去勢といえば多くは男根である。男根に子を生ませる力が想像されていたのであり、男根型の石などをなでさすっていると、それが大きくなって、子供になるというような話があるのである。彼は生まれたときにあまりに醜いと、母親のヘラによって天から地上に投げ落とされる。そのときに足をくじいて、生涯、足が不自由になったというが、それは男性機能に障害をおっていたことの言い換えである。オイディプスと同じく、足に障害をもった人間だというより、愛の呪いをうけ、まともな性愛にめぐまれない定めだったのだ。彼はオイディプスと同じく、愛にそむかれた愛されない男、あるいは愛してはならない男だった。母にさえ嫌われた神なのである。

もっとも不幸な愛されない神はヘーパイストスだった。この不幸な鍛冶神の話が北欧の鍛冶師ヴェーラントの話になる。彼も王の后によって足を（あるいは足の腱を）切られて歩けなくなる。その報復として王女を誘惑し子を生ませ、王子たちを殺し、自分は人工の羽根をつけて空高くとびあがっていずくともなく消え去る。ヴェーラントにはそもそも白鳥妖精の女房がいた。これがあるとき飛び去っていなくなったのである。鍛冶屋はここでも妻に捨てられるさみしい夫である。

b ピュグマリオンの愛

鍛冶屋がものづくり職人の典型なら、彫刻家もそれに準じよう。みずから彫った彫像にほれた話は幸田露伴も描いた（『風流仏』）が、ギリシアではピュグマリオンである。彼は職業的な彫刻家ではなく、彫刻を趣味とするキュプロスの王だったが、理想の女がみつからないので、彼が理想とする女を象牙で彫った。そしてその像にほれ、それが動き出すことを願った。アプロディテがそれをあわれんで彫像に命をふきこんだ。オヴィディウスではキュプロス島あげてのウェヌス祭に牡牛の犠牲を捧げ祈ったのが聞き届けられたという。

神話ではそもそも造物主が泥などをこねて人の形をつくり、そこに生命をふきこんで人間をつくったのである。アダムもそうやってつくられたし、エジプトではクヌームが泥をこね、ヘケットが生命をふきこんだ。イシスもばらばらにされたオシリスの死体をつなぎ合わせて、復活させたときに、欠損していた部分であるファロスを粘土でつくって、それによってホルスを受胎した。中国では女媧が泥をこねた。泥人形が生きて動き出すというのは、それらの創造神話からすれば不思議ではないことになる。北欧でもオーディンはトネリコの木を刻んで人間をつくったという。さらに北欧の工人である小人たちは不思議なものをつくりだすのに巧みで、金色の毛の猪をつくって息をふきこんだりしたし、鍛冶屋ヴィーラントは切られた足のかわりの人工の足や、空とぶ翼もつくった。であればガラテアのような美女をつくって息をふきこむこともできただろう。この鍛冶屋のもとになったかもしれないのは空飛ぶ翼をつくったダイダロスで、彼の作品にはパシパエがポセイドンの牛と交わるための装置もあった。これらの人工物の究極はトロイの木馬だったかもしれない。

人形への愛、あるいは人形や絵が動きだす話は幻想文学の好個のテーマで、ヨーロッパの世紀末には数多くの作品が書かれた。日本の昔話の「絵姿女房」もそれに近い。イクシオンはゼウスの妻のヘラと同衾することを願い、ゼウスによってつくられた雲塊をヘラと思って犯した。

c ポセイドンの愛

ゼウスが正妻ヘラのほかにさまざまな女に手をだすのでは、ダナエと黄金の雨、エウロペと白い牡牛、レダと白鳥などの変身譚があり、レダからは「世界一の美女」ヘレネが生まれた。そのほかにレトを誘惑してアポロンとアルテミスを生ませ、イオはヘラの嫉妬を逃れるために牝牛になってエジプトまでさまよった。しかしそれらの愛がどちらかというと、『源氏物語』的な「いろごのみ」であり、ゆきずりの情事であるのに対し、彼の兄弟のハデスは誰も相手にしてくれるものがないので、ペルセポネに目をつけ、むりやりさらっていった。これはペルセポネやその母親のデメテルにしてみればとんだ災難だったが、ハデス（プルート）としては大まじめだったようで、このあと、ずっとハデスとペルセポネの夫婦は冥界を支配する。ハデスの浮気は知られていない。ペルセポネも年の半分は地上で過ごすことになったが、その間どんなことをしていたかは語られないし、冥界ではいつでもハデスの傍らにいたようで、年の半分しか妻ではない女という感じではない。むしろ忠実で貞淑な妻である。

もうひとりのゼウスの兄弟、ポセイドンは、いろいろな女をおいかけることにおいてはゼウスにおとらないが、たとえばデメテルにほれておいかけたときは、デメテルがいやがって馬になって姿をくらますのを、彼の方も馬になって追いかける。ペルセポネはその結果うまれたともいうのである。ゼウスの場合は相手が嫌がって逃げるということはあまりないが、ハデスもポセイドンも力づくで、あるいは策略で相手をものにしなければならない。なお、ポセイドンとデメテルは兄弟姉妹である。デメテルが馬になってのがれようとしたというのはしかし、ちょっと微妙な話だ。ポセイドンは水中の馬として表わされることがあり、すくなくとも岸にうちよせる海の波や激しく流れる谷川の流れなどは馬のたけりたって走る様にたとえられる。デメテルがそれを承知で馬になったというのは、人間の姿ではなく、本来の姿である馬としておもいのままに交わろうという誘いだったのかもしれない。

彼がゴルゴン姉妹の末娘メドゥサと結ばれたときも天馬ペガソスを生んだ。メドゥサはそのころは美しい乙女だったという。ゼウスが牛になったとすればポセイドンは馬だった。

2 ヨーロッパの神話

フランスの妖精メリュジーヌの愛の物語は、ヨーロッパ全域の蛇女神信仰を表している。ナルト神話では蛙女神である。

a 北欧の神話

ギリシア神話との違いは北欧では神々が人間界へおりていって人間と交わることが完全に自由だという点だ。というより、神々の世界アスガルドと巨人族の世界、そして人間たちの世界がつながっていたということもある。巨人たちの世界は一種の異国で、そこにすむ男女に神々が恋をしてもさして不思議ではない。つまり神々という上位のものが人間という下位のものを誘惑するというのではなく、並行的な世界のあいだで、惚れたり、逃げたりするのである。

そして山の女神と海の神が一緒になって、どうしてもいっしょにくらせないとか、浮気で多情な女神がやたらと不倫をしたり、首飾りがほしいために小人と床をともにしたりする。ギリシアではゼウスがフェニキアの王女エウロペを誘拐するが、北欧では、女神イドゥンが誘拐される。

この女神は「若さ」の神ではあっても、かならずしも「愛」の神ではなく、フレイヤは性的に放縦であることで知られ、その意味で「愛」を司るともされるが、同時にさまざまな紛争の種にもなる。また「神の慈愛」という観念はしられていても、「慈愛」の神はあまり見られないのである。『ヴォルスガング・サガ』ではシグニーは復讐のために兄のジグムントの床にしのびこみ、シンフィヨトリを得る。北欧の英雄物語では兄妹の肉体関係は頻繁に見られる。普通の愛もかなり血みどろである。王女を娶るにはその兄弟すべてを敵に回し、凄絶な戦いで敵を皆殺しにしなければならない。女のほうも、戦いの女神ヴァルキューレであったりする。南方的な愛の情緒よりは、復讐や征服欲、戦い、策略などが主題である。

北欧では世界の最初は「愛」でも「エロス」でもなく、氷だった。そこから牝牛がでてきて、氷をなめて、人間たちをとりだした。やがて、神々の世界ができ、男女神たちがつるみあう。その神々が多情で、たえずカップルが結ばれてはほどけるのは、ギリシア神話にも劣らない。というより、すべての神々がカップルで誕生するエジプト神話の世界との違いで、男女神の結合は動的で、固定しない。フレイとフレイヤといった対偶神もいるが、かれらはカップルにはならない。その神々の世界もアース神族とヴァーヌ神族にわかれており、さらに巨人族がいるが、それぞれが相手のところから、力づくで、あるいは策略で、配偶者を奪ってくる。フレイヤは巨人族の娘ゲルトを奪う。巨人は若さの女神イドゥンを奪う。ヴァイキングが、富や女を奪ってくる世界である。奪われた女神も、たとえば、小人族のところで見事な首飾りを目にすると、それを手に入れるために、小人たちと床をともにすることをいささかもためらわない。貞操などという観念は薬にしたくもない。むしろ悪い夫に献身的につくす貞女の見本が、ロキの女房で、ロキが神々につかまって地底の石にしばられ、そのうえから蛇が毒をたらすと、その女房が鉢で毒を受けとめては、捨てにゆく。ほかの女神たちはだいたいが勇ましい女戦士で、その典型はヴァルキューレである。天空の館ヴァルハラで戦場で死んだ戦士たちを饗応する女たちだが、彼女たち自身おそるべき戦士で、『ニーベルンゲンの歌』で知られるブリュンヒルデはそのひとりである。とある山の上で鎧に身をかため炎につつまれて寝ているところをジークフリートに見つかり、恋におちる。もちろんその恋は波乱にみちた、かつ、長続きのしないものだった。

b ケルトの神話

ディアドラは「災いと悲しみを招くもの」と呼ばれる。女による不幸、戦い、呪いのすべてをあらわした恐ろしいほど美しい女、リアノンもそれ以上に美しく、それ以上に恐ろしい運命に翻弄される。生んだ子どもは魔物にさらわれ、子殺しの嫌疑をうけて、門のところにつながれて、馬のかわりをさせられる。大陸ケルトの伝承『エリオックス』では、同じような不運にもてあそばれる王妃は、やはり白鳥妖精だったが、犬として城の門の地面に首だけ出して埋められた。ケルト神話は「愛」にたいする懐疑で満たされている。愛の女神のかわりに、戦いの女神ばかりがいた。もっとも大陸ケルトのシロナは例外的に豊饒をあらわす蛇神である。またエポナは馬女神だが、泉の神でもあり、豊饒神で、乗っている馬が仔を産んでいる像もある。オリエントの大母神にならって、二頭の馬の轡をとる像もある。豊饒神としては、アイルランドのシーラ・ナ・ギーグが名高い。しゃがんで性器を広げた姿であらわされ、門の上などに置かれる。僻邪像ともいわれる。女性の魅力を表現した像ではない。ロスメルダはガリアの春の女神で、儀礼では熊男と性交のもどきをする。しかし、熊女神アルティオなどでも、ケルトの女神は男まさりの強さをもっている。夫に盲従するような女神ではない。マトレス、マトロナエ、アナ、ダナなど、かつての母権制の大母神の面影がある。アイルランドへゆくと、古い神々は地下へおいやられ、女神信仰はなくなったが、そのかわり、戦争好きな女王や戦女神が力をふるった。メイヴなどがその典型である。ボイン川の女神は夫の言いつけにそむいて、禁じられた泉に近づいて、溢れでた水にさらわれて、川の女神になった。彼女の不倫の子、オイングスは「愛の神」といわれるが、不倫の恋を助ける。英雄クフリンは女嫌いで、彼の前に裸の女たちを立たせると、真っ赤になってたおれてしまう。

cナルトの神話（オセット族の神話）

ソスランの誕生の奇譚はのちにみるように特徴的である。牧童の放出した精液が岩に当って、岩が懐妊したのである。これは同じく岩から生まれたミトラの誕生の神話に通ずる。その射精の対象となったサタナが、死んだ母親を犯した悪霊によって生まれた話もある。彼女は兄弟のウリュズメクと結婚する。自己性愛、死霊婚、兄妹婚とあらゆる異常結合をする。さらに兄と一緒になるときは、最初は「身がわり婚」だった。兄嫁の床にはいったのである。バトラスは海底の種族の娘が蛙になってやってきて生まれたが、生まれるまえに、夫が禁忌背反を犯したので、蛙は海底へもどってゆく。そのまえに、胎児を夫の身体に移していったので、ディオニュソスをセメレーの腹からとりだしてゼウスの太ももに移植したのと同じ経緯をとる。いずれも海神族とナルト族の間の異類婚によって、さらに異常な状況で生まれる。

この一族のたとえばバトラスの誕生にはユーラシア共通の「なくした釣り針」あるいは「金の鳥」型の求婚譚が関係している。金のリンゴをとりにくる異界の存在を見張っていると、三羽の鳩がやってくる。その一羽に矢を射るが、逃げられる。鳩の流した血のあとが海底につづいている。そのあとをたどってゆくと、海底族のドンベッチュルの館に着き、傷ついている王女の傷をリンゴ園でひろった血と泥をまぜたものを塗っていやす。それが美しきゼラセである。日本でいえばトヨタマヒメである。ヨーロッパの「青い鳥」、ロシアの「金の鳥」、セレベスの「イノシシと投げ槍」、あるいは「じゅずかけ鳩」である。その海底の王女を連れ帰った英雄が、兄弟葛藤で殺し合うというのも日本の神話を思わせる。ゼラセはしばらく海底の館（竜宮城）にもどっているが、子を生むにあたってナルトの丘にもどってくる。これもウガヤフキアエズの誕生のときと同じだろう。ここでは「見るな」の禁はないが、その後、ゼラセが死ぬと、墓に妖魔がやってきて、ゼラセと交わり、サタナが生まれたのはすでに述べたとおりである。ここでは、息子が寝ないで墓の番をしていなければならなかったのである。出産の場をのぞいてはいけないというのは、メリュジーヌの話とトヨタマヒメの話だが、ゼラセの場合は死のものがりの場を安全に守らなければならなかった。イザナミの話に通ずるところがあるかもしれない。異伝ではサタナと同時に馬と犬がうまれたという。妖魔が犬をつれて馬にのってきていて、馬にもゼラセを犯させたのだ。しかし、男の子と馬と犬が同時にうまれるという「魚の王（竜王）」の子の出生の話（AT301番）をも思わせられる。それはともかく、このサタナは生まれてしばらくたつと海底の竜宮へ送られる。竜族の生まれであることを明らかにするためだろう。のちのバトラスも生まれてからしばらく海底ですごしている。

サタナも海の娘だったから、ときおり海底へもどっていったが、ナルトの村では兄のウリュツメグの女房をおいだして、その後釜にすわった。兄妹の夫婦なんてきいたこともないと兄がいうのにたいして、人のうわさも四十五日と平然としている。彼女が川で洗濯をしていると、対岸でそれをみていた羊飼いが欲情して精を石のうえにもらした。それを知ったサタナは、日をかぞえて、生み月になるとその石をわってナルトの英雄ソスランをとりだす。イランのミトラ神話をおもわせるが、ナルト神話を語るオセット族はスキタイの末裔で、スキタイはイラン系の遊牧民族だった。ここでは神や英雄たちの「愛」は墓の中の結びつきや、蛙女との結婚や、石からの誕生や、兄妹の結婚など、およそ異常なことがなんでもなくでてくる。

3 アジア・オリエントの神話

朝鮮半島では、柳花の愛の話などがあり、メソポタミアでもエンキドウの愛の話がある。ユーラシア全域に展開したスキタイ族の始祖エキドナとヘラクレスの愛の話もある。

a インドの神話

インドでは隠者が恋におちて行力をうしなう久米仙人、あるいは一角仙人のような話が多いが、その多くは、神々が苦業者の力をおそれて、彼を籠絡しようとして天女を送るのである。これが天女のどうやら主たる役目である。人間を神以上のものにさせないために色仕掛けで堕落させるのである。天女、あるいは女、あるいは「色恋」は堕落の要素とされている。あるいは天女ティロッタマーは地上を征服した悪魔を誘惑するために造り出された。色仕掛けの攻撃が最高の力を発揮する。これはメソポタミアでも同じだった。野性の自然児エンキドゥを堕落させるために娼婦が使われたのである。またインドではインド・ヨーロッパの婚姻制度のもととなった諸制度が制定されてもいた。そのひとつガンダルヴァ婚で一緒になったシャクンタラの物語がもっとも名高い。『マハーバーラタ』の五兄弟が同じ女性と結婚したというのも特異な制度を背景にしている。『ラーマーヤナ』はシータ奪還をめぐる愛の物語とされる。しかし、その発端には魔王ラーヴァナにかけられていた呪いの話があり、天女ランバーを凌辱したラーヴァナは天女の夫によって、こんど嫌がる女を凌辱したら死ぬと呪われていたのである。おかげで、シータはとらわれの身でも操をまもった。『マハーバーラタ』でも、パンドゥ王はバラモンが森で妻と交わっているところを鹿と見あやまって射殺したために、バラモンによって、死ぬまえに呪いをかけられていた。女と交われば死ぬという呪いだった。「愛の呪い」である。ほかにストン王子の物語、アプサラスの物語、ガンガーとシャンタヌ王の物語などがある。シャンタヌの物語も后にその素性を聞いてはならず、彼女のすることを留立てしてもならないという条件が課されていた話である。彼女は七人のこどもをつぎつぎにガンジス川にながした。八人目のとき、シャンタヌはついに見かねて、誓いを破って、王妃をとめた。后は誓いを破った以上、それまでと言って、ガンガーである素性をあかし、八人目の子どもを伴って姿を隠した。この八人目の子供がビーシュマで、かれは父親シャンタヌにガンガーにかわる妻をえさせるために、みずからは一生結婚しないという誓いをたてた。そして、自分のためではなく、弟のために、花嫁をさがしにゆき、アンバー姫を手にいれたが、彼女はすでにシャルヴァ王にとつぐつもりになっていた。シャルヴァはしかしビーシュマに敗れた。アンバーはビーシュマへの復讐を誓って、すべての申し出をことわって、森にこもって死んで、ビーシュマを殺す勇士に転生した。ここには、一生、結婚しないという誓いをたてた勇士の話や、だれとも結婚できない王女が愛より復讐のために死ぬ話などがあり、インド神話では、愛が呪いにつきまとわれていることがわかる。神々としては愛欲の神シヴァの数々の情事、愛欲と破壊の女神カーリ、あるいはドルガの物語などがあるが、どちらかというと血なまぐさい愛の物語がつむがれる。インドではカースト制度が厳重でカーストをこえた婚姻は禁じられていたが、神々の世界でもカースト的規制があって、禁忌があった。愛の神としてはカーマがいるとされる。しかしこれは、性典『カーマ・スートラ』にみるように、むしろ性の神であろう。

b エジプトの神話

エジプトでは対偶神システムがすすんでいて、オグドアド（九柱神）やエネアド（八柱）の神々はみなペアになっている。もともとは兄弟姉妹である。イシスが兄弟のオシリスと一緒になっているのがその例である。そのせいか、自由な男女がたがいに愛し愛されるという物語はすくない。恐ろしい女神セクメトなど、愛の物語はまったくない。アトウム、アモン、ラア、すなわち太陽であり、創造者である至高神は一人神だった。それでもラアを祭る女祭祀が彼と結ばれて、ファラオを生むのだとされた。

エジプト神話では、イシスがオシリスのために尽くす話以外は愛の物語はないといっていい。しかし、そのイシスの愛も、もっとも有名な話はセトによって八つ裂きにされたオシリスをもとどおりにし、どうしてもみつからなかったファロスを粘土でつくって、それに息をふきこみ、それによって妊娠してホルスを生んだという話である。冥界での死者との結合だろう。愛は死より強しというが、イシスはそれを実証した。死者との婚姻の例としてはほかに例がない。愛も性愛もエジプトでは人間的なものをはるかに超え、魔術的である。

エジプトではギリシア以上に純愛の物語などはとぼしいが、そのかわりに世界の創造をエロティスムで語る神話にはことかかない。ヘリオポリスのオグドアドを造りだしたのはアトゥムだが、「自ら作り出したもの」だったので、相手はいなかったから、オナニーによって精液をだし、それによってシューとテフヌートを生んだ。

エジプトではほかに同性愛についても語られる。セトとホルスの戦いのあいだ、セトはホルスを凌辱した。それによって、ホルスに太陽神としての資格が欠けていることを証明するはずだった。年上の男に稚児としてもてあそばれたものは神にはなれなかったようである。しかし、イシスがただちにのりだした。彼女はホルスの肛門にそそがれたセトの精液をとりだしてサラダにまぜてセトに食べさせた。裁きの場でセトが自分の精液をよびだすと、精液はホルスの腹のなかではなく、彼の腹の中でここにいると答えた。あるいは、イシスがホルスの精液をサラダにかけさせて、それをセトにたべさせたともいう。

この奇妙な話はエジプトの性風俗が、すくなくとも神話のなかではいささか普通ではなかったことを示している。もっと奇妙なのは、父親ラアに自分の陰部をみせるハトホルの行動である。ラアは神々の会議で後継者選びが難航していつまでも結論がでないのに嫌気がさして、ひっくり返って寝てしまい、会議にもどるのを拒否した。そこへ娘のハトホルがやってきて、裾をまくってみせたのである。あるいは寝ているラアの顔の上にまたがって性器を父親の顔にあてがったともいう。これは性器露出の女神としてウズメやバウボの行為と共通するともいわれるが、相手が父親であることに微妙なねじれがある。兄弟姉妹の結婚が推奨されていたとともに、父親と性的交渉を娘がもつことも禁じられているどころか、ほめたたえられたような雰囲気がある。

もうひとつ、かならずしも明示されないが、エジプトの愛の神話の奇妙さは女性上位の体型だろう。天空神ヌートは大地神ゲブのうえにおおいかぶさる。ヌートが女神で、ゲブが男神である。これはオシリスを蘇生させてホルスをみごもるためにイシスが交わったときの体勢でもある。寝ているオシリスの上にイシスがおおいかぶさるのである。ヘロドトスがエジプトではギリシアと逆で、女が立って小便をし、男がすわってするといっているが、これが人々に示されるモデルとしての神々の「婚姻」の形だとすると、たしかに「ギリシアとは逆」かもしれない。さらに、セクメトが人間たちを罰したときの恐ろしいライオンの姿をみると、たくましい男根が屹立している。セクメトは女神だから牝ライオンだろうとおもうと、たしかに乳房はあるが、鬣もある雌雄同体のライオンなのである。

太陽神ラアをはじめ、エジプトの男神は遅疑逡巡する煮え切らない神々が多い。女神にはセクメト、テフヌートら、「恐ろしい女神」が多い。イシスもウラエウス（コブラ）を頭につけ、彼女に反対する者がいればただちにそのコブラが毒をふきかける。ラアに対してもイシスは毒蛇をおくって、いうことをきかせた。秩序の神マアトも女神であり、これがすべてをとりしきるのである。

c 日本の場合

記紀神話でその誕生が記された神々には「愛」の神はいない。しかし天地初発の時、高天原に成れる神である高御産巣日、神産巣日には「産」の文字があり、ものごと、あるいは神を生成する原理であると思われる。ギリシアの最初のエロスに相当する。

そののち、イザナギ・イザナミの神生みでうみだされた神々は山や海、石や岩、あるいは風や火である。カグツチを斬ったときにうまれたのも山奥の谷や岩石や雷である。イザナギがみそぎをしたとき生まれたのは海神や、道の神々で、スサノオとアマテラスがうけひをしたときは宗像三女神、あるいはアメノホヒ以下、高天原を構成する、機能の未分化の人格神である。ギリシアとちがって、「あらそい」とか「復讐」といった観念をあらわした神はうまれない。

しかしそうやってうみだされた神々がイザナミ・イザナギのように対偶神としてうまれたときは、そのカップル同士むすばれ、それ以外の場合は、スサノオとクシイナダヒメ、オホアナムチとスセリヒメなどのように「運命的」なであいによって結ばれる。そこではあえて「愛」とはいわないものの、スセリヒメはオホアナムチをみて「目合して、相婚ひたまひて」「いと麗しき神」という。一目みて、気があって、麗しい人といったのである。ニニギが笠沙のみさきで「麗しき美人」すなわちコノハナサクヤヒメに会った時も一目で気にいって求婚するし、山幸が竜宮へいったときもトヨタマヒメはやはり一目みて「麗しき人」という。そのときの表現も「見感でて、目合いし」というので、スセリヒメの場合と同じである。この神々の出会いは運命的な出会いであり、一目ぼれであり、女の父親の承諾を求めるものの、すぐに婚姻に至っている。マノン・レスコーとデ・グリウがばったり出会って、とたんに電撃をうけたように恋におちるのと同じである。

もちろん、祝福されざる愛もあり、天若日子は高天原から派遣されて地上におりたときオホアナムチの娘の下照姫と愛し合って天の命令にそむくことになり、天にむけて射った矢をなげ返されて死ぬ。のちには軽皇子と妹衣通姫の悲恋もあり、あるいは雄略天皇などの数々の情事の物語もある。ヤマトタケルの武勲の物語における橘姫の捨身入水、ミヤヅヒメとの交情の物語などもある。いずれも悲劇の様相をおびているが、悲劇におわらない愛としてはオホアナムチとヌナカハヒメの相聞の物語など、愛の物語がないどころではない。

神と人との交情が、神人通婚の例にもれず、悲劇におわる話はとくに風土記やのちの説話、あるいは昔話に神が蛇として通ってきた話など、いくらもある。そのなかでかならずしも不幸な結末ではないが、奇妙な話は秋山之下氷壮夫《あきやまのしたひをとこ》と春山之霞壮夫《はるやまのかすみおとこ》の葛藤譚で、いずし乙女をきそいあうのに、弟は母親の助けを借りる。母は藤蔓で衣服と弓矢をつくりいずし乙女のところへもっていかせる。すると藤がみな花を咲かせる。乙女が厠におかれていたその弓矢をとって寝屋へもどると、霞壮夫もそのあとについてはいる。これは藤蔓でつくった衣をきせられた弓が霞壮夫の手引きをしているというより、男が弓に変じて厠にひそんでいたのだろう。厠と矢といえば、丹塗りの矢になって川をくだってきて美人のほとをついたという雷神の話もある。厠は川屋であり、川は桃太郎の桃が流れてくるような、神の里から人里へ神霊をはこぶ水脈である。その川で裾をからげて洗濯をしていてもいいし、川遊びでもいいが、厠であれば、まさにほとをさらけだしていて、矢でいたずらをするには格好の場所である。霞壮夫は母のたすけで、藤蔓の魔法をつかって弓矢に姿を変えて、厠にひそみ、まんまと乙女のほとをついたのであろう。ちなみにこのいずし乙女は出石の神となった天の日槍の娘であると書かれている。また、この母親は呪術をもって、秋山の氷壮夫をこらしめる。日本の神話ではめずらしい魔術、呪術の物語である。天の日槍のほうは新羅の王子という設定だが、日光に感じて生まれた赤玉が変じた美女をおいかけて日本へやってきた。日光の矢が女のホトをついて、赤玉をうませ、その赤玉がアカヒルメに変ずる。その娘のホトを藤蔓の魔法をつかった矢がつき、子供がうまれる。二重の構造だが、矢がホトに二度あたり、男女が藤や玉にかわり、また人になる。

第III章 世界の愛の物語——説話、昔話

世界では『古事記』のようにその国の「神話」が固定されている国ばかりではない。むしろほとんどの国で、神話は古代や中世の文芸説話や、場合によると口承の叙事詩として語られ、あるいは昔話として村々で語られる。昔話でも王が神話的古代の歴史として記録させれば神話になる。遊牧社会などで、そのような王が出ず、統一国家がつくられなかったところでは国家神話ができずに、民間神話として昔話や伝説とさして違わない形で世界の初めの物語などが語られる。「愛」についてはむしろそのような形で、不思議な愛が語られる。

1 愛の説話

昔話でも初期の文学者が、老媼の昔語りを文芸化したり、あるいは『万葉集』や『風土記』に収録

されたりしたものはかなり固定した形でつたわる。説話とはなにかというとむずかしいが、古い時代の「物語」で、神話と、のちの文学、あるいは昔話との中間的な形である。

a 白鳥おとめの話

愛の神話といえば「白鳥おとめ」の話が世界中にある。日本では万葉にもあり、七羽の白鳥だったり、酒造りをしたり、あるいは羽衣の天女だったりする。清水の松原にも気比の松原にもあり、鳥取の打吹山にも天女はおりたった。鶴女房としての展開もしめすが、天人女房としては、そのあと、いなくなった女房をさがして天まで行って、しかし、そこで試練に失敗して地上にもどされる。ヨーロッパでは「いなくなった女房をさがす話」はAT400番の昔話で、白鳥の場合はAT400-cとなり、多くは鹿になった王女、白猫、銀色うさぎ（『ふしぎな愛の物語』）など、魔法で動物になっていた王女が、主人公の献身によって人間にもどるものの、そのあと、三日三晩の試練のあいだ、けっして眠らないこととか、けっして妻をみてはいけないことなどという禁忌があって、それに背いて、せっかく手にいれた女房をまた妖魔にさらわれ、艱難辛苦のすえにとりもどす話になる。神話では天女ウルワシの話や、チェコの昔話「白鳥の后グルペー」、あるいは「鍛冶師ヴィーラント」の話の発端の白鳥女房の話になり、フランスでは「悪魔の娘」（AT313）になる。天の女神と人間の結びつきでは、月神セレネーとエンディミヨン、ガンガーとシャンタヌなどもある。いずれも「見るな」「言うな」「聞くな」といった禁忌がともなう。異類の相手が男性である場合は「白鳥の騎士」も同じで、彼にどこから来たのか、名前はなんというのか聞いてはならなかった。禁断の問いを発したとたんに白鳥がひく小船がやってきて、騎士はそれに飛び乗っていずくともなく消えてゆく。兄弟が白鳥になっていたのを妹が救う話は六羽の白鳥で、白鳥の騎士を導く白鳥はそのうちの一羽である。あるいはケルトの「エリオックス」も白鳥妖精だったし、馬女神リアノンもはじめは白鳥の群れを従えてやってきた。ペローの「ガチョウおばさん」すなわちマザー・グースも白鳥の仲間である。フランスでは鵞鳥女王、レーヌ・ペドークもいる。妖精が白鳥としてどこか遠くからやってくる。そのうち、里にいついたのが鵞鳥になって、村人の生活を見守る守護霊になった。しかしあるとき牧童が妖精に出会い、山の洞穴に招かれて、夢のような生活をおくっていたが、昼寝の間、妖精の足を見ると鵞鳥の足だった。とたんにすべてが消え失せ、山中の洞穴は二度とみつからなかった。また、城の主のもとに夜な夜な通ってきた見知らぬ美女は、知恵者の入れ知恵でベッドのまわりに灰をまいておくと、鵞鳥の足跡がついていたので、鵞鳥妖精であることがわかったが、もちろん、二度と妖精はやってこなかった。

中世の説話では妖精はたいてい美しい美女として描かれる。メリュジーヌだけは、見るなという金曜の夜に覗いてみると、下半身が大蛇だった。「ギンガモール」、『ランヴァル』、『グラエラン』などのほかの妖精は、足の先から頭のてっぺんまで正真正銘の美女で、たとえば、魔法の指輪をくれて、それをまわせば、いつでもやってきて、愛を語った。ただ、その話を誰にもしてはならなかった。あるいは妖精の国に招かれて、夢のような日々を過ごすうちに、一度、故郷へ帰ってみたくなって、戻ってみると三百年がたっていたという。西洋浦島というが、異郷逗留譚は、妖精譚としてインドからヨーロッパに広まっており、日本にも伝わってきたのが、日本風、漁民風に変化して伝わったのだろう。外国で、これは日本の話だというと笑われる。世界の話が日本にも伝わっているのである。

b アモール（エロス）とプシュケ

「愛神」の物語で同時に「愛」の物語であるのはもちろん「エロスとプシュケ」だろう。ただ、純粋な愛の物語であるより、前半は神との愛における禁忌とその背反であり、説話学では「見るなの禁」の物語になる。メリュジーヌ、鶴女房、の類である。見るなというのを見たら異類だったというのが多く、見たら世にも美しい青年神だったというのは特異である。

禁忌には「あけるな」「いうな」「ふれるな」などもあり、わが国の御伽草紙の『天稚彦物語』は開けてはいけない長持をあけてしまった話である。

後半は「いなくなった配偶者をさがす話」で、国際話型AT400番の物語、白鳥処女、鹿王女、銀色兎、あるいは「美女と野獣」のタイプまで含まれる。美しい配偶者が禁じられていた行為によって、鬼にさらわれるという話では「梵天国」あるいは「ロシアの海のマリア」で、特にいなくなった配偶者をみつけたあと、その親（ウェヌス、あるいは天帝）にきびしい試練を課されるほうに重点をおけば、「天人女房」「七夕」も含まれる。

これはオクタヴィオ・パスによれば、試練によって純化され神の領域にまで上昇する魂（プシュケ）の物語で、近代の西欧の精神史を先取りする作品ということになる（『二重の炎』）。

物語ではプシュケは王の娘である。が、あまりに美しいので母親がウェヌスより美しいという。ウェヌスがそれを聞いて憤る。そして恐ろしい神託をアポロンを介しておくってよこす。その神託によって荒れ果てた山の上に恐ろしい妖怪か神霊への生贄として捨てられたプシュケは西風にさらわれて、美しい谷間の美しい宮殿にみちびかれる。そこでは姿の見えない従僕たちに世話をされ、姿の見えない夫に大切に慈しまれる。なに不自由のない生活をおくっているところへ、彼女の姉たちがやってきて、悪心をふきこみ、見てはならない夫の姿をみろようにそそのかす。ランプをともして、ねむっている夫を見ると美しい愛の神であった。しかし、神は禁断の行為をしてしまった以上これまでと、いずこともなくとびさってしまう。そのあと、プシュケはいなくなった夫をもとめて地上をさまよい、たどりついたのが愛神の母親ウェヌスの宮殿である。ウェヌスは彼女にはてしない苦難を課す。幾種類かの穀物をまいて、それをよりわけること、つぎには獰猛な金色の羊の毛をあつめてくること、そして地獄の川の水をくんでくることなど、これは「いなくなった配偶者を求める話」のタイプの昔話で、世界中で語られる話である。日本では「天人女房」で天まで女房をおっていった夫が課される難題であり、ヨーロッパでは「悪魔の娘」でうるわしいウラリーを手にいれようとする青年に課せられる課題であり、たいていは農耕試練で、一日のうちに森を開墾し、そこに種をまき、一日で刈り取ることなどという試練であり、穀物をよりわける話は日本にもあるが、蟻がてつだってくれて解決する。おそらくそれらの世界大の昔話と、難題モチーノがあり、この「アモールとプシュケ」はそれを借用したのであろう。それらの試練をすべて乗り越えたあとは地獄へいって美しさのはいった箱をもらってこいといわれる。生命をかけた危険な仕事であると同時に、大事なものがはいった箱を途中であけてはいけないのについ開けてしまうというモチーフでは浦島の玉手箱とも同じで、これも世界中に広まっているモチーフである。プシュケは箱を開けたとたんに死んでしまう。それを神々があわれんで、天上へ運んで不死の神々の列に加えるのである。

幸せに至るまでに女が経なければならない試練を描いて、最後は幸せな結末に終わるのだともいえなくもないが、結局は人間界からは死んで去ってゆくのだとするなら、死で終わる悲恋の物語である。

この話は愛の神話の代表とされる。アプレイウスの文学作品だが、おそらく民間伝承によっているものとされる。神のほうからいえば、愛神アモールが王女プシュケに恋をする。もとは母神ウェヌスがウェヌスより美しいといわれるプシュケに嫉妬して、息子のアモールにプシュケに不幸な愛の感情をいだかせようとしたのである。悪霊への人身御供というのがその筋書きだったが、アモールは山上におかれたプシュケを見てすっかり夢中になってしまったのである。そこで、西風に命じて彼女をさらわせ、宮殿にすまわせて、夜ごと、姿をみせずにおとずれた。彼もすべての存在の愛を支配するわけではなく、彼自身については、母のウェヌスのさだめたようにしかできない。彼がプシュケに恋をするなどというのはもってのほかなのである。それでも、姿をみられないうちは大丈夫だった。プシュケにみられないだけではなく、すべてを見通すウェヌスの視線も、そうやってのがれていたのである。プシュケが明かりをともしたときに、彼の姿がウェヌスにも見られてしまう。ただちに彼はウェヌスの命令でその場をたちさる。というより、どうやらウェヌスの宮殿につれていかれて、そこでお仕置きとして一室に幽閉されるのである。プシュケが夫をさがして旅に出、ウェヌスのもとで試練を課されたときに、実はアモールはすぐ近くにいた。

この種の話では、昔話の『悪魔の娘』でも悪魔に課された試練を、娘が手助けしてくれてクリアする。アプレイウスでは、アモールが手助けをしたとは書いていないが、どうやらそうである。すくなくともウェヌスはそうに違いないと思って、ますます態度を硬化させる。最後の試練で地獄の女王のもとから壜にはいった「美」をもらってくるが、途中であけると、そこから「死」があらわれたというのは、途中であけたからなのか、それとも死の女王プロセルピナのたくらみなのか不明だが、美の女神ウェヌスが「美」をもってくることを要求するのはおかしい。「美」といつわってじつは「死」だというのは、ウェヌスが仕組んだことか、プロセルピナのたくらみか、はっきりしないが、途中で箱をあけると不幸な結末になるというのはどこの神話でも共通している。だいたいはさぞすばらしいものがはいっているだろうと思ってあけると不吉なものがでてくる。昔話の『命の水』だと、まさに死の国へいって命の水をもらってくる。生死を管理するのが死の国だからということになる。あるいは命の水と死の水をもらってくることもある。同じ水だが、生きているものに掛けると死に、死んでいるものに掛けると生き返るということもある。ここではアモールがあらわれて、彼女を生き返らせることになっているが、このあと、プシュケは天へ運ばれて、不死の酒をのまされ、神々の一員になるので、やはり地上の人間としては死んだのである。ふたりは神々に祝福されて結婚し、Voluptas（快楽）を生むのだが、「快楽」というのも人を不幸にする悪しき観念であるかもしれない。

夜ごと現れる見えない神は三輪山の神でもある。見てはならないものを見て破局にいたるのは、「見るなの座敷」その他でなじみのモチーフである。『天稚彦物語』では、竜王の王子と結ばれた女が、夫の留守中、姉たちのそそのかしで、開けてはいけない長ひつをあけて、夫とのきずなをうしなう。開けてはいけない玉手箱のモチーフだが、ひろくプシュケのモチーフといってもいいだろう。「姉のそそのかしと、禁忌背反による別離」は通じ合うが、『美女と野獣』などでもでてくるより広いモチーフであろう。その間の試練もほぼ世界の昔話に共通する。超自然の配偶者との結びつきは、まず、三人姉妹の末娘が選ばれ、「恐ろしい接吻」のヴァリエーションとしての犠牲の場があり、ついで上の姉たちが嫉妬して、破局にいたるようにそそのかす。神と人間の結びつきは永続しないこと、神に愛された人間は夭折しなければならないことを示している。禁忌背反の結果の別離のあと、いなくなった配偶者をさがす旅は『天稚彦物語』では天界の旅になるが、男の場合は、「天人女房」で、たいてい、天での試練に失敗して地上におちる。女の場合は相手をみつけて添い遂げるが、ヨーロッパでは男女とも過酷な試練にたえて、相手と再会することが多いのに対し、日本ではとくに男は、とびさる鶴を茫然とみおくるように、あきらめてしまうことが多い。これは日本の男性の根性のなさともいわれる。

『天稚彦物語』では、はじめに大蛇があらわれるのは、アモールが魔神をよそおってプシュケをさらうのと同じだが、より昔話の構造に近いだろう。その大蛇が美しい男になって、仲睦まじく暮らすのは、相手が神であれば長続きしないのは当然で、やがて夫が天へのぼる。そもそも竜王の王子が天に呼ばれて、天界でなんらかの職を与えられるはずだったのを、途中で女をみて、一時たちよっていただけなのである。しかし、長持をおいてゆき、これを開けなければやがてもどってくるという。これが天と地の交通手段になるのだが、玉手箱とも、棺桶とも、天の鳥舟ともみられる。女のほうが箱にはいれば、死んで天にゆくのかもしれない。しかし、禁をやぶったので、その箱はもう使えなくなる。そこで、朝顔の蔓などをつたって天へのぼってゆき、星に道をきいて、夫のところまでゆき、天帝の課す試練にたえて、めでたく天稚彦と結ばれるが、この幸せな結末は日本の昔話ではめずらしい。日本の場合三輪山説話のように別離でおわるほうが普通である。

c『トリスタンとイズー（イゾルデ）』

アモール神が神話ではかならずしも愛をあらわすわけではないのに対し、トリスタン説話では、愛の妙薬が呪い、あるいは愛神の働きをする。この飲み物を飲んだふたりが、いかなる理性の警告にも、社会的掟にも反して愛し合わなければならないというのは、超自然のはたらきによって愛が生まれるので、これを「愛の呪い」といってもいいが、また「愛の神の恵み、あるいは命令」といってもいい。神はどこにもいなかったが、その飲み物の働きは愛神のそれである。それに愛の妙薬が本当に必要だったのかどうかわからない。年とったマルク王にとつぐイゾルデが、王との間に愛をきずくことができるように準備された薬だが、若いふたりがひとつの舟にのって旅をしているときは、かならずしもそのような薬がなくとも、たがいに愛し合っていても不思議はない。

呪いというなら、愛し合いながら隔てられなければならないという呪いであろう。

ヨーロッパ共通の民間神話だが、ドイツ、フランス、イギリスにそれぞれ文芸化されたヴァージョンがある。名前もとくに女のほうはドイツ語ではイゾルデ、フランス語ではイズーで、英語ではイズールト。舞台はコーンウォール、ケルトの物語とされるが、十二世紀にフランスで文芸化され、ドイツ、イギリスに伝わる。トリスタンはみなし子で叔父のマルク王に仕える。マルク王に貢物を要求するモルホルトと決闘して、相手をたおしたときに、傷をおい、魔法にひいでたイゾルデに直してもらう。その後、傷がいえてマルク王のもとに帰ったトリスタンは王から、イゾルデを后にむかえるべくつれてくるようにと命ぜられる。イゾルデを奪ってもどる途中、船中でふたりはあやまって媚薬をのみ、情を通ずる。一書によれば、媚薬の効果は三年とさだめられていた。マルク王にとついだイゾルデとトリスタンは王の目をぬすんで密会をつづけるが、やがて王の知るところとなり、処刑されようとする。一旦は処刑の前ににげだし、イゾルデとともに、森に隠れるが、ほどなくみつかって、イゾルデは宮廷へ帰り、トリスタンは大陸へのがれて、「白い手のイゾルデ」と結ばれる。この「白い手のイゾルデ」とは形だけの結婚で、床はともにしなかったともいう。やがてトリスタンは病に伏し、金髪のイゾルデをよびよせる。イゾルデがついたとき、トリスタンはすでに息絶えていた。

ふたりの禁じられた恋は媚薬のせいというが、最初、決闘でうけた傷で死にかけて、海上をさすらったとき、たすけられたのが、イゾルデによってだが、そのイゾルデが決闘でたおした相手の姪で、叔父の復讐をちかっていた女だった。彼女に助けられてマルク王のもとへもどったとき、マルク王は鳥がくわえてきた金髪にみとれていて、その金髪の持ち主と結ばれたいというのだが、それがほかならぬイゾルデだった。つまり、トリスタンは海を三度わたってイゾルデのもとへゆく。最初はイゾルデの叔父を殺しに、二度目はその時の傷をイゾルデになおしてもらうために、三度目はそのイゾルデをむかえに、しかし、イゾルデはすでにトリスタンの傷をなおしたときから、彼を愛していた。宿命の恋である。媚薬はつけたしでしかない。最後にイゾルデが死の床によこたわるトリスタンのもとへかけつけるときも船にのって海をわたってくる。そのとき、イゾルデがのっていれば白い帆を、乗っていなければ黒い帆をかかげる約束だったが、船乗りたちはその約束を忘れて、黒い帆のままだった。これはヴァージョンによっては、白い帆だったのを、白い手のイゾルデが「黒い帆」と偽って告げたともいう。いずれにしても、最後の望みをたたれたトリスタンはそれを聞いて息をひきとる。この黒い帆のモチーフはギリシア神話でも使われたものであり、鳥がくわえてきた金髪の持ち主をさがす話は「金の髪のおとめ」といった昔話で語られる。イゾルデのベッドにしのぶトリスタンがベッドの周りに撒かれた粉のうえにけがをした足から血をたらしてしまうモチーフも中世説話でよく使われる。

2 愛の古典

職業文学者が文体を練って書きあげたものでも、そのテーマが人口に膾炙し、ほとんど「神話」としてつたわるものがある。ダンテの『神曲』におけるベアトリーチェとダンテの恋もそのひとつだが、これは『神曲』全体のテーマではなく、あくまで、そのなかの一挿話である。それにたいして『ロミオとジュリエット』は「純愛」の古典としてよくしられている。おそらく、シベリアやアフリカの、あまり書物文化が一般的でない社会でも知られているだろう。中国のものでは多少、時代はさがり神話的文学とはいいがたいところがあるが、『白蛇伝』や『任氏伝』である。日本では『竹取物語』である。ただし、『竹取物語』についてはここではとくには述べない。月の世界から罪をおかして地上へ一定期間おとされたというのは、もちろん「愛の罪」をおかしたからであろう。その罪滅ぼしの期間、かぐや姫は「愛」をひたすら拒否してくらしていた。

a『ダフニスとクロエ』—『潮騒』

舞台はレスボス島である。山羊飼いのラモンの山羊が捨て子に乳をやっていた。紫衣と黄金の留め金、象牙の柄の短刀が置かれていたからいずれ王家のものである。山羊に育てられたのはゼウスでもある。その二年後、もうひとりの牧人ドリュアスがニンフの洞で羊が乳をやっている女の子をみつけた。金箔の靴、黄金の足輪などが高貴な身分を示している。少年と少女はラモンとドリュアスに育てられて十五歳と十三歳になった。その時、育て親たちが揃って夢を見た。アモールとみられる有翼の美神が捨て子たちに矢で触れている。つまり、ふたりは恋しあう定めとなったのである。もとよりふたりは羊や山羊の番をしながら一緒に遊んでいて、何もしなくとも、恋心が芽生えてくるはずである。しかしとりわけ、ニンフの洞でふたりで水浴をしてから、ふたりの恋はニンフたちに見守られるようになった。「ニンフの泳ぐ洞穴」というのが、恋の楽園とされていたようである。十九世紀のネルヴァルの詩にも「ニンフの泳ぐ洞穴で夢を見た」とある。あるいはディオニュソスはニュサ山の洞穴でニンフたちに育てられた。ニンフたちというのは、サテュロスやパーンやファウヌスと並んで、山野の神ディオニュソスの眷族なのである。そのニンフの育て子であるクロエが、隣村の青年たちとのもめごとに巻き込まれてさらわれていったときには、その洞穴のニンフやパーンに祈って助けてもらう。やがてクロエに結婚話がもちあがったときには、ニンフたちが、ダフニスに難船の積み荷の金貨の袋を与え、それを持ってクロエをもらいにいかせたりもする。もっとも、ロンゴスの物語では、この金の袋は役にたたず、土地の領主がダフニスの実の父親であることがわかり、クロエとめでたく一緒になるだけではなく、その披露宴でクロエの実の親もわかるという大団円になるのだが、それが繰り広げられる屋敷の庭にディオニュソスの社がたてられていて、彼らの祭りがディオニュソスに捧げる祭りのようにとりおこなわれていることに注意される。アポロンではなくディオニュソスといえば、自然のなかの男女の恋の神である。それに対して、ギリシア風の稚児趣味は貴族たちや哲学者たち、いわば支配階級の風俗だった。この物語でも、領主の家来の男が、ダフニスに目をつけて稚児にしようとしたりする。

この最後のモチーフはほかのヴァージョンにはあらわれないが、ギリシアならではのものでもあろう。この話を伊勢と渥美のあいだの神島にうつした三島の『潮騒』ではこれはもとよりはぶかれている。ロンゴスの原作でもいささか唐突である。三島の物語では千代子という東京の女子大生の話が割り込んでくる。これもいささか不自然である。千代子がその後どうなるかというのも気にならないではない。三島なら本来は稚児の話がでてもよさそうである。ロンゴスにあって狂言回しの役をするディオニュソスの眷族であるパーンやニンフたちの話は島の八代神社の加護の話となる。これはほかの漁村なら、志度の玉とり伝説のように龍王社などがふさわしいかもしれない。伊勢であれば海の神は興玉のサルタヒコである。神島の八代神社は白髭明神を祀る。白髭とはサルタヒコである。八代神社では鳥羽の奇祭ゲーター祭が元旦に行われる。南北朝時代の二帝並立の世をうつしたともいうが、太陽信仰であり、初日の出を迎える行事でもある。海上に躍り出る朝日を迎える祭りは伊勢では夫婦岩のあいだのちょうど興玉岩の上に昇る初日の出を拝む新年儀礼の先駆けをなすものである。まだ水平線の下にかくれている太陽を日輪をかたどった「アワ」をつきあげ、つきあげつつ、ひきおとす。それが無事おわったときに海上に日輪が昇るのである。興玉神社では初日の出をサルタヒコが先導するとする。天のヤチマタにニニギを迎え、日向の国に導いたサルタヒコが夜のあいだ、海底を通って東の伊勢に戻ってきて、いま夫婦岩のあいだから新しい太陽として再生する。エジプトの太陽の船の夜の海の航海をも思わせる。舳先に立って危険な夜の航海を導くのは猿神トートで、乗っているのはオシリスの子ホルスである。ギリシアではオシリスはディオニュソスと名をかえる。エレウシスの秘祭で誕生が祝われるイアッコスはディオニュソスの子神である。エジプトでいえば太陽の船に乗ってトートに導かれて東の海をめざすホルスであり、日本ではサルタヒコに導かれる若き太陽神ニニギである。

レスボス島でディオニュソスとその眷族の牧神たちに祝福された恋人たち『ダフニスとクロエ』の物語が、日本では鳥羽の沖合の神島にうつされ、八代神社で祀られる若き太陽神ニニギをみちびくサルタヒコの分身ないし、異名・白髭明神が祝福する愛の物語になる。

b『シャクンタラ姫』と『グリゼリディス』

人は幸せに至るまで苦難をへなければならないという物語は、インドの古典『シャクンタラ』でもあろう。森のなかで見染めた女と情をかわした王が、あとで王宮へくるようにと指輪をわたす。しかし王宮へ行ってみるとそのような話はしらぬとつきはなされ、指輪もみつからない。森にもどって王とのあいだにはらんだ息子を生んでそだてていると、王が森にやってきてわが子を認め、なくした指輪もみつかって大団円をむかえる。

王はおそらく娘の心を試すために、いったん、彼女を否認したのであろう。シャクンタラーが天空へさらわれてゆくという話もある。『マハーバーラタ』などにもおさめられており、ヴァージョンは多様だが、王があえてシャクンタラーを否認するモチーフは共通している。婚約者の否認、妻を不当にはしための地位にさげ、屈辱をしいる話など昔話では多いモチーフである。説話ではペローにもある『グリゼリディス』が名高い。まずしい羊飼いの娘を王がみそめて后にするが、やがて、王女がうまれると后のふところから赤子をうばい、乳母にゆだね、さらに后をその地位からおいおとしてはしためにし、かわりに高貴な女を正妻にむかえるのだと称して、その支度を彼女に命ずる。しかし、あらたな后とは彼女の生んだ王女にほかならず、羊飼いの娘と王（大公）はあらたな結婚式をあげるという話。后に理不尽な試練を課す話だが、これがなぜか大衆の気にいられ、いろいろなヴァージョンが語られる。まず『デカメロン』では第十話の最後の物語だが、サルッツィオ侯爵の嫁取りの話とされる。こちらでは生まれた子供をとりあげるだけではなく、殺したといって、ひそかにそだてさせる。さらにクリゼルダを離縁して実家にもどす。そののち、あらたな婚礼をするからといって彼女をはしためとしてよびもどす。婚礼の日にすべてがあかされてめでたしとなるのだが、ペローの場合もボッカチオの場合も妻は夫のいいつけにはいかなることであっても口答えせず従わなければならないという家庭道徳をおしつけられる。そのような妻が理想の妻と、すくなくとも男たちには思われていたのだろう。しかし、もうひとつ気になるのは、実の娘が再婚の相手にえらばれたことで、娘の方はそれを芝居だと承知していたのかどうかである。娘は遠い親戚の館で育てられていて、自分の素性もしらなければ、父親の考えもしらなかったはずだ。もし、そこでグリゼルダが、夫の再婚の支度なんかまっぴらだと言っていたら、結婚式によんだ招待客の手前も、それ以上にあたらしい后としてむかえた娘にたいしても、婚礼はとりやめだとはいえないから、そのまま実の娘と婚礼をあげていたかもしれない。これはペローの「ロバ皮」でもあるモチーフだが、最愛の妻をなくした男がその妻の忘れ形見である娘になき妻の面影をみいだして結婚をせまる話であり、なき母親への愛を娘にすりかえるというのは『源氏物語』などでもいくらでもでてくる話だが、神話的には捨て子のオイディプスがみしらぬ女を妻にしたら、それが実は実の母だったとわかって、目をくりぬいて神々の罰をのがれて放浪にでるのと同じで、神々の劫罰がまっているのである。

そうではなくとも、うまれた子供を殺すようにと命じたことになっている父親というものも普通の社会ではとうてい許されない犯罪者である。そのような犯罪的状況をつみかさねて、実は女の貞淑さをためしていただけだといえるのかどうか、すくなくともいまの常識ではけっして許容されないのだが、この種の話がおおいにこのまれたらしいことは、ことにイタリアの物語でこのモチーフが頻出することによってもしられるのである。

ということは、結婚というのは社会制度であって、そのためには「愛」とは無縁な、場合によると、「愛」のような崇高な感情をどろまみれにするような犯罪的行為が、むしろ必要とされることがあったということで、たしかに各時代のさまざまな地域の婚礼習俗をみると、人身売買にあたる結納金だの持参金だのの制度が個人の人格を無視してしかれていたり、「嫁して三年、子なきは去る」といった非人間的な慣習法さえあったり、嫁は舅、姑に奴隷のようにかしずかなければならなかったりもするのである。「愛」と結婚は別物だった。

c『ロミオとジュリエット』

古来、愛の文学としてはシェイクスピアの『ロミオとジュリエット』が名高い。しかし、話は単純で、心理分析などもそれほど精密ではない。仲の悪い二つの家の娘と息子が恋におち、娘はほかの男と結婚させられることになって、それを逃れるために、眠り薬をのんで、死んだふりをして墓廟にいれられたあとで、目をさまして恋人と駆け落ちをするてはずだったのが、手違いで、女が本当に死んだと思った男が墓の上で自殺し、目をさました女がそれを知ってあとおい自殺をするという話だが、誤解による後追い自殺のはなしはギリシア神話では、親の命でつきあうことを禁じられたふたりの恋人が泉のそばでひそかなあいびきをしたが、はやく来た女がライオンに襲われて、近くの洞穴にのがれたあと、すこしおくれてやってきた男が、ライオンに食い裂かれた衣をみて、てっきりライオンに恋人が殺されたと思い込んで死に、そこへもどってきた女がそれを見て、後追い自殺をした話があって、これがシェイクスピアの原話に違いない。「ピュラモスとティスベ」としてオヴィディウスにあるが、バビロニアの話とされている。もっともこの種の話はたくさんあり、松原秀一によると中国、日本にもあるという。漱石の『幻影の盾』も両家のいさかいのためにひきはなされた男女の話としては同じである。親がゆるさぬ愛というのは日本の心中ものでもいくらでもある。死んだと誤解してあとおい自殺をする話もめずらしくない。話がいくぶんつくりばなしめいて聞こえるのは、「偽りの埋葬」の話で、死んだことにして追求をのがれたり、墓地から抜け出す話はいろいろある。ボッカチオの『デカメロン』では生きながらの埋葬だった。牢獄からの脱走のために棺桶にはいって墓地で埋葬される話は『レミゼラブル』にもあることは周知のとおりである。これは「ピュラモスとティスベ」にはないが、ギリシアでは火葬だったという説もあり、火葬でもされてしまったら、目をさまして駆け落ちをするわけにはいかない。しかし、駆け落ちをするなら、別にそんな手のこんだことをしなくとも、いつもの密会の場からそのまま逃げだせばいいのである。どこかの修道士だか、隠者だかの手引きでとなっているが、そこですでにその僧によってロミオとジュリエットは結びあわされているという。であれば、そのままそれぞれの館へもどって離れ離れの生活と、人目をしのんでの密会をしていたのが腑におちない。トリスタンとイゾルデのように手に手をとって森へでも逃げればいい。あるいは異国の地へでもいい。トリスタンの場合でも、なぜ王宮の近くの森にのがれたのか、なぜ船にのってでも、もっと遠い異国へ行かなかったのかがわからない。海のかなたのイゾルデの故郷アイルランドでは、トリスタンは王殺しとして追及されているし、ブルターニュあたりでは、アーサーの回し文が近隣の宮廷にトリスタンをかくまうことを禁じていたかもしれないが、さらにとおいブルグンドとか、あるいはハンガリーあたりの宮廷であれば、アーサーの威光もおよばないだろうし、『ニーベルンゲンの歌』なら、クリームヒルトはフン族の皇帝にすがっている。漱石の話では南仏だか、イタリアだかの温暖の地へ騎士はのがれている。『ロミオとジュリエット』はイタリアのヴェローナの町という設定だが、十五世紀のヴェローナはヴェネティアの支配下にあったが、当時のイタリアはフィレンツェ、ミラノ、あるいはエステ家が支配していたフェラーラ、文芸のさかえた自由都市ボローニャなど、それぞれ独立した小国をつくっていて、どこかを追われた芸術家や政治家がとなりの町、あるいは国にのがれて庇護をもとめることはごく普通だった。ヴェローナで、そもそも物語の発端のところでは、ロミオは町中のいさかいで人を殺して大公によって所払となっているのである。そのときにジュリエットとともに他国へのがれてもよかったのではないか。他国といっても隣の町でもよかった。ヴェローナ大公、あるいは両親の追求のおよばないところとしてはさして遠くまで行く必要はなかった。別にヴェローナで重要な地位についていたとか、手広く商売をやっていて、その財産や地位をすてるのをためらったというわけでもないだろう。恋に生きたいなら、すべてを捨てて、手に手をとってのがれればいいのである。ヴェネティア公国はモデナ、マントーヴァ、フェラーラにとなりあっていた。そのどこへ行ってもよかっただろうし、南のナポリや、もっと先までいってもよかったし、北のフランスへのがれてもよかった。なにも偽の埋葬などという手のこんだ芝居をする必要はなかった。もっともこれは埋葬ではなく、一家の棺をいくつもおさめる墓廟に棺を入れられただけのようで、目をさましたら蓋をあけて、でてくればいいのである。寝台車のベッドくらいの感じではないだろうか。土をほって埋められたとなると、目をさましてもでてくるのが大変で、ジュリエットもちょっとそのことを心配していた。息がつまるのではないかなどというのである。大きな家の墓廟や教会の地下の墓などでは、地面をほって土をかけることはしなくとも、重い蓋石をおくことが多く、これをもちあげるのは大変だったかもしれないが、ささやかな一家の墓廟であれば、交番くらいの大きさの建物のなかに棺をいれる棚があっていくつかならべて入れるのである。上には頑丈な蓋をしたりはしないことがおおかった。ジュリエットも目をさましたらすっと音もなくたちあがってくるのである。この墓場のあいびきが無事に進行していたらそれはそれで、結構ゴシック趣味の「よみがえった花嫁」のたぐいの物語になるかもしれない。十字軍からもどってきた騎士が途中で葬列にであう。待ち切れずに死んだかれの許嫁である。騎士はそうとしるると、その葬列から棺桶をうばってゆく。城へ帰った騎士は棺桶をあける。すると死んだはずの許嫁がにっこりとほほえんでたちあがる。しかしそれはすでに吸血鬼となった花嫁だった。騎士はよみがえった花嫁に血をすわれて死ぬ。

この偽りの埋葬のトリックはあまり上等なものではない。『ロミオとジュリエット』で、しかし、その最後の行き違いがなかったら、話としてはなにもないことになる。許されない恋人同士、いや、ひそかに結婚した夫婦が人目をしのんで密会する。そこにはしかし、危険ととなりあわせの緊張感はない。ロミオはたとえば、戦場ではなばなしい活躍をするでもなく、物語、ドラマのなかではヴェローナのごろつき仲間とふざけながら市内をうろついているだけである。ジュリエットとロミオの橋渡しをする乳母のせりふもおそらく意図的に道化風にしている。シェイクスピアはこれを軽喜劇として書いたようである。シリアスなドラマではない。禁じられた恋人同士のひそかな出会いにしても、たとえば、レナール夫人の寝室へはしごをたててしのびこむジュリアン（『赤と黒』）のような緊張感はない。トリスタンとイゾルデの川のほとりの密会のような詩情もない。そもそもロミオにしても修道士はほかの女の名を口にする。「ロザラインと共にか」。ついこのあいだまで、ロミオはそのロザラインという女と一緒になろうといっていたのだ。そして最後に恋人たちの亡骸をまえにして、それまであらそっていた両家が和睦をむすぶというのだから、はなはだご都合主義で悲劇もなにもない。

民衆の神話である昔話ではひたむきな愛、哀しい愛がひたすらに語られる。狐女房の話はエグゾガミーの悲劇だと折口は言ったが、異類、あるいは超越者との出会いがもたらす悲劇だといってもよかった。かぐや姫も、たなばた姫も、人間にとっては哀しい愛の物語だった。

ツングースの幼い王子が草原に遺棄された。そこへ牝狼がやってきて乳をあたえ、やがて成長したときは床をともにして子孫をのこした。それを「愛」とはよばない。ゼウスがフェニキアの王女のひとりセメレーのもとに雷神としての本来の姿で現れて、王女を焼き殺した。それも「愛」ではない。神の「愛」は恐ろしい。人は人同士で愛するようにさだめられている。神をむかえた人間は死なねばならない。神々の世界のものがたりには哀しい「愛」は薬にしたくもない。各地の王や豪族は蛇神や溝路が池の竜女などと交わって竜種をえて、一族の武勇と権力をいやました。そんな「愛」ではない「愛」

の物語が始祖伝承や王の物語にあるとすれば、民衆の物語にはひたすら哀しい愛の物語ばかりがある。中古の説話でも『トリスタン』や『任氏伝』は哀しい。『今昔物語集』でも朱雀門の狐の話はかぎりなく哀しい。

文学でも『クレーヴの奥方』や、『マノン・レスコー』や、『谷間のゆり』、『椿姫』は哀しい愛を物語る。あるいは「愛」という幻影にとりつかれ、それに翻弄される愚かな人間たちの悲劇を語る。甘美な愛、幸せな愛を語った物語で、読む人を感動させる物語は稀である。

近代という時代には純粋な愛が不可能になっているからだろうか。あるいは、複雑な社会的条件が単純な愛を不可能にし、近代人の心理的屈折がすなおに愛し合うことをさまたげるのだろうか。たしかに『ロミオとジュリエット』にしても、あるいはギリシア神話の風土に材をもとめたロンゴスの『ダフニスとクロエ』やインド神話の文学化であるカーリダーサの『シャクンタラ姫』など、愛の物語の古典とされるものはむしろ他愛のないものである。たんに羊飼いの少年少女が恋し合い、海賊にさらわれたり、養い親のもくろみに翻弄されたりといりだけで、ときにニンフだの、パーンだのがでてきてお告げをしたり、奇跡をおこなってふたりの愛をまもったりするとしても、その「デウス・エクス・マキーナ」ははなはだご都合主義で真実味にとぼしい。

d『定家葛』と『彩霧』

能に『定家葛』というものがある。円地文子が同じテーマをつかって『彩霧』を書いた。「恋とか愛とかいう言葉を越えた人間の悲しみに浸る」ような作品である。京都にやってきた遠国の僧がにわか雨にあって、とあるあずま屋に雨宿りをすると、ひとりの上臈があらわれて、自分はこの近くの墓に葬られた女だが、うかばれない霊になやまされているので、ひとつ回向をたのみたいという。亡霊は歌人の式子内親王である。

式子内親王に年したの歌人藤原定家が恋慕し、死後、歌人のおもいが蔓草になって内親王の墓にからみつく。まっかにいろづいた定家葛が、たしかに墓にからみついている。みあげれば頭上にも紅葉の赤い葉がかぶさっている。真っ赤な執念の物語だ。円地文子はその話と伊勢物語をもとに賀茂の宮司の家のむすめが斎院ののろいをひきついで、現代の軽井沢にあやしい幻を現出する話にしたてた。年齢をこえた恋情の焔については『二世の縁』などでもくりかえし描く作家である。女につきまとう愛の呪いについては『愛情の系譜』という物語もあった。ここでは古代からの斎院の呪いがとりあげられる。

式子内親王も斎院だった。『彩霧』のヒロインは斎院ではなく、たんに賀茂大社につかえる宮司の家の娘だが、同じ賀茂の神がのりうつる女である。賀茂の神というのは賀茂別雷という雷神であり、蛇神だが、蛇の呪いはここでは問題にはされない。斎宮、斎院であれば、内親王が任じられ、伊勢ではきびしく処女をまもらねばならなかったが、賀茂ではもうすこし自由で、式子内親王の場合は文芸サロンのように文人や若い貴族をあつめて楽しんでいたらしい。代々の斎院のなかには兼家のむすめという選子内親王などのように五代の天皇の御代に賀茂につかえつづけたものもいた。円地文子はその斎院の史実をもとに、奔放な想像の世界をくりひろげる。その想像は、ある意味では宗教学、あるいは文化人類学的な想像でもある。斎院とは、要するに神につかえる巫女であり、シャーマニックなエクスタシーのうちに神と合一するのである。円地の想像では、斎院としての内親王が神事をとりおこなうたびに入神して仮死状態におちいるのが例となり、そのたび、その役をする舎人が神のおつげにしたがって、内親王に覆いかぶさって、命をふきいれる。魂よばいだが、要するに神婚、交合をして蘇生させるのである。そんな次第をえがいた絵巻があるという設定で、なかには裸の斎院とそれに跪拝し、ついで、斎院を男が抱くなまなましいさまが描かれる。その秘密の絵巻を語り手はヒロインから託される。それにはしかし呪いがつきまとっているかのように、その絵巻をうけとったときから、語り手は不思議な魅力で男たちをひきつけ、あやしい力で男たちをとろけさせ、最後はみな変死をとげさせる。代々、斎院の職とともにその絵巻をうけわたされた女は同時に魔性の女となって、男たちをほろぼすようになっていった。この小説のヒロインがそうだった。近衛公とみられる時の首相をつとめた公家をはじめ、富裕なアメリカ人や、ナチスドイツの将校など多彩な男たちが彼女の魔力にとらえられ、みなつぎつぎにあやしい死をとげる。その絵巻をうけとった語り手のまわりにも若い男たちがひきよせられてくる。愛というよりは業ともいうべきもの、やはり呪いであろう。

式子内親王の墓には真っ赤な定家葛が絡まっていたが、円地文子の小説では古い英国風の別荘が炎上し、同じころ、遠いイランの地に調査に赴いていた宗教学者の眼前で燃え上がる拝火教の神殿の焔のなかに語り手の孫娘の幻がたちあらわれたりする。奈良の二月堂のお水取りの火にも同様な幻があらわれた。女の愛の執念が時と所を変えて永遠の童女のまぼろしをたちあがらせるのである。その幻を燃え立たせる焔は式子内親王の墓に絡まる赤い蔦でもあった。なお、現在の定家葛は紅葉しない。

e 忘れ草

勿忘草《わすれなぐさ》というのはよく知られている。それにたいして忘れ草といわれてもぴんとこない人が多いだろう。思い草というものもあるというのを小島瓔禮氏におそわった。小島氏はたばこを「思い草」というのだといって、同時に忘れ草もあるといったのである。煙草をすうと煙の中に思う人の面影がうかんでくる。恋が成就しないうちに死んだ人の墓にはえてきた草を火にくべていると、それが煙草でいい香りとともに、思い人のおもかげが煙の中にただよってきて、それいらい、煙草を死んだ思い人をしのぶためにつかうようになったという。西川如見の『長崎夜話』に「あびりか」国の話として似た話があるとも言った。「あびりか」とは中国で亜美利加と書くアメリカのことかとも思われたが、西川如見はアメリカは「亜米利加」と書いていて、いっぽう、「あびりか」はエジプトのむこうにあるとほかの世界地理書で書いている。むかしはアフリカ大陸をリビアと呼んでいた。いまでもエジプトの向こうにはリビアがあるのだが、それが大陸全体の呼び名で、それがアフリカともいうとなり、まざって「あびりか」とよばれていた時代があるようである。いっぽう、煙草はブラジルに産すると も西川は言っている。つまり、この話はアメリカでもブラジルでもアフリカでもない、どこかわからない架空の国の話としてかたられたようである。中国の文献で同じ話があり、淡巴姑《たばこ》という名前の女が、などという。ただいずれにしても海のかなたのどこか不思議な国であるとき美しい女が死に、その墓から一本の草がはえ、それを火にくべたら死んだ女があらわれて、残された恋人をなぐさめたというような話があったようである。

忘れ草はそれとはちがって、「どうしても忘れたいという切ない恋をしたときに、枕の下に入れて寝て、その人を忘れさせてくださいと願ったという」と大原富枝の文章にある。ふつうはヤブカンゾウと呼ぶ。沖縄では「眠り草」（ニーブイグサ）ともいうようである。家持の歌に、

忘れ草　わが下紐につけたれど　醜の醜草　言にしありけり

とある。

それよりも忘れ草について書いた大原富枝がしばらくあとで、「人間には二つの対象を同時に同程度に愛するという能力はないのである」といっているのが含蓄にとんでいる。ちなみにこれは『三郎物語』の一節である。犬にたいする愛情についての言である。

3 愛の昔話

「アモールとプシュケ」が昔話を利用しているように、昔話には愛を物語るものがすくなくない。「昔話に見る愛の形」などという本もある。それも神々の世界の話ではなく、人間界の、それも名もない庶民の愛の物語である。昔話は幸せな結末におわるというが、日本の昔話はそうとはかぎらない。むしろ「別れ」でおわるほうが多い。これが日本の昔話の特徴だといわれるのだが、外国の昔話では、たいていは禁忌背反による「別れ」のあとに「いなくなった配偶者をさがす」試練の旅がつづくのである。そして艱難辛苦のはてに幸せな結婚がまっている。しかしそれにしても、いったん幸せな結婚をしたカップルがその後どのような人生をたどるかはわからない。人生は長いのである。その長い人生のどこかだけきりとってくれば、一見幸せな結末におわる物語も、主人公たちの人生を最後までみ

つめればどうなるかわからない。どこかの瞬間では不幸であり、どこかでは幸せである。しかしその不幸も幸福も永続するものではないかもしれない。

a 鶴女房・猿婿

「わかれ」で終わる愛の物語の代表は「鶴女房」であり、あるいは「狐女房」「信田妻」であろう。「はまぐり女房」でも「蛙女房」でも同じである。日本には「別れの美学」があると河合隼雄は言ったが、「蛙女房」をインドの「蛙の奥方」あるいはフランスの「二文のヤニック」などとくらべると、日本では、異類を異類として排除する感情が優先し、異類であっても、たがいに理解し、適応しようとする努力がないことが目立つようである。それを日本の昔話の「残酷さ」ともいう。「猿婿」では、猿と山奥で幸せな生活をいとなんでいた女房が、里帰りの途中、猿を谷川につきおとす。「哀しいわかれ」の物語というより「残酷な夫殺し」の物語である。それまでなんとか娘を幸せにしようと努力していた猿婿に重い臼をしょわせて、谷川にかかる丸木橋をわたらせ、わざと足をふみはずして谷川におちるようにさせる女は残酷という以上に犯罪人でしかないが、その心の動きは実は並みの夫婦でもよくあることに違いない。永年連れ添った相手があるときたまらなく嫌になり、つい、崖際でせなかを押してしまうというようなことが、じっさいは手をくださなくとも、おもわずそんな気持ちになることがあるものである。夫婦でなくともいい。親子でも、それも可愛がっている子供であっても、それが夜泣きをしてとまらなくなると、おもわず、壁にむかってなげつけて殺してしまったり、そこまでいかなくとも、殺意をいだいて、われながら自分が恐ろしくなったりということはないだろうか。夫婦、男女の愛を語る昔話で、日本では相手を「殺す」話がすくなくないことに日本の「愛」の形がみえるのだといったらいいすぎだろうか。

猿婿ではなく、蛇婿ではどうだろうか。田んぼに水が入らず困っている農夫が、だれか水を入れてくれるものがいたら娘をやるのだがというと、蛇がするするとはってきて、今なんと言った？ と聞く。いや、なにも言わん、いやいやたしかに言った、水を入れたら娘をやると言った。どうだ、わしが水を入れてやろうじゃないか、その代わり、娘をもらうぜと、この昔話ではふつうはもっとやさしい、むしろへりくだった口調で池の主の蛇が言うのだし、そのあとで訪ねてくるのも美々しい若殿の様子でくるのだが、上のふたりの娘はいやがっていかない。三人目の末娘が承知する。『美女と野獣』だと、その末娘が幸せをつかむのだが、日本の末娘はヨーロッパの姉娘以上に「残酷」である。彼女は嫁入りの日に池のほとりに行って蛇を呼びだすと、まず嫁入りの支度をおまえの家に入れてくれと言って針を刺したひょうたん百個を池に放りこむ。ひょうたんはいくら池の底に沈めようとしてもすぐ浮き上がる。そのうち、ひょうたんに刺した針で、蛇のからだは血まみれになって息絶える。それを娘は冷酷にみとどけて、これでよしと山を越えてゆくのである。この後に、山の向こうの村での物語があるのだが、ここまでは夫殺しである。「いとまき型」「おだまき型」だと、娘のところへかよってくる男の襟に針で糸を縫いつけ、翌朝、糸のあとをたどってゆくと、山の洞穴で大蛇が死んでいる。中国や韓国にもある話だが、ヨーロッパではそうやって不愉快な求婚者を抹殺する話は聞かれない。蛇でもネズミでも野獣でも愛をこめて抱きしめれば美しい王子になり、愛と感謝で応えるのである。日本では魔法の伝統がなかったこともあり、庶民の娘は異類の求婚者を冷酷無残に殺戮する。

しかし『蛇性の淫』ではそうでもない。蛇の本性がわかっても豊雄は女をすてられない。法海坊主がつきもの落としの呪法をもって蛇を折伏するのである。同じ蛇でも『道成寺縁起』では女の執念が竜蛇になる。淫欲といい、執念といい、いずれも「愛」ではあるまい。「橋姫」も頭に鉄輪をつけ、火をともして川からぬれたままあがって男をおいかける。ウブメも川のなかに出て「これ抱け」といって赤子をだかせるが、それがだんだんと重くなる。女のほうは水のなかに消えてでてこない。「橋姫」も「橋姫物語」では哀しい愛の物語になる。夫が竜宮にさらわれて行方不明になる。あとをたずねて浜辺へゆくと老婆が鍋を火にかけていて、それをあけさえしなければ夫にあえるだろうという。そのとおり、夫がやってくるが、いまは竜宮にとらわれた身、地上へはもどってはこれない。それにその老婆の呪法の鍋もほかの女が蓋をあけてしまったために呪力をうしなってしまう。

幸せな男女の間には「愛」はなかなかあらわれてこない。日本の昔話には離れ離れになった男女がたがいにとおく離れた相手をしのぶ哀しい愛の物語がある。日本の「愛」は哀しいのである。そもそも「愛」と書いて「かなしい」と読んだ。

b 美女と野獣

このたぐいの話は神話でもあるが、昔話では国際話型ＡＴ425番に分類される『美女と野獣』で、恐ろしい野獣の花嫁になるものの、夫の姿も、召使いたちの姿もみえないというのは同じだし、三人姉妹の末娘で、上の姉娘たちにそそのかされて、夫との約束をやぶってしまうのも同じである。「アモールとプシュケ」とは違うのは、約束の日をわすれて、あわてて城へかえってみると野獣の夫が庭園で息もたえだえに死にひんして苦しんでいるところである。女はかけよって野獣をだきしめ涙をふりそそぐ、とたんに魔法がとけて美しい王子があらわれるのである。

これはヨーロッパの中世の説話では「恐ろしい接吻」として語られる話で、騎士がとある荒れ果てた城にたどり着くと地下室から大蛇がでてきて、抱いて接吻をしてという。勇気をふるって接吻をすると魔法がとけて美しい王女があらわれる。昔話のAT400番「鹿王女」などでも、人のいない城にあらわれた鹿を抱いて接吻すると王女になる。ただ、この昔話はそのあとに、決められた日がくるまでは王女を見てはいけないとか、ものを口にしてはいけないといった禁忌が課され、その試練に失敗するととたんに王女はまた魔法使いにさらわれて地の果てへさってしまう。それを探して、艱難辛苦の旅にでるのである。

ブルターニュの昔話「二文のヤニック」では、泉で水をのもうとするとガマガエルがでてきて、接吻をもとめる。それも一回ではなく三度である。一回ごとに蛙はおおきくなって、巨大ないぼだらけのガマガエルの怪物をだきしめて三回目の接吻をすると美しい王女があらわれる（『ふしぎな愛の物語』）。「鹿王女」という話では、蛙ではなく、鹿たからまだいいが、接吻をすれば魔法がとける。「眠れる美女」でも王子が接吻をすると眠れる美女が目をさます。日本では接吻という文化がなかったせいか、この話はみられないが、見るなの部屋、開けるなの玉手箱はよくある。開けると超越界とこの世の交通が遮断されるのである。『天稚彦物語』では夫は天へのぼってゆくときに、長持に鍵をかけ、けっしてあけてはいけないという。姉にそそのかされて開けると、一筋の煙がたちのぼり、天の夫との交通がとだえてしまう。あとは瓜のつるをつたって天までのぼり、道をたずねながら天の夫のもとへたどりつく。この夫が最初は海底からあらわれた大蛇で、剃刀を首をきると美しい若殿になったので、それが「恐ろしい接吻」のかわりだった。

似た話ですこし様子が違うのは北海のほとりのリトアニアの昔話「蛇の女王エグレ」で、王女エグレが湖で水浴をして岸にあがると、そこにぬいでいた衣のうえに蛇がとぐろをまいている。衣を返してというと自分の嫁になるなら返してやろうという。ここまではどこでも同じ羽衣タイプの物語である。承知をするとやがて海底の蛇族が王女をむかえにくる。むかえの馬車にのっていってみると竜宮ではたのしい日々がまっている。しかし里帰りをしたときに幸せの終わりが来る。蛇の王をよびだす呪文をききだしたエグレの兄弟たちがひそかに蛇王を呼びだして殺してしまう。エグレが海底の竜宮へもどろうとすると、海底からは血の泡がわきおこる。夫を殺されたエグレは悲しみのあまり海辺のポプラの木になって、木の葉を風にそよがせていつまでも泣き悲しむ。

異界の配偶者との婚姻は見るな、いうなという禁忌でまもられている。それにそむくと、絆はたちきれる。艱難辛苦のはてに再会する場合もあり、それっきりで離れ離れになる場合もある。

永遠の幸せにいたるまでに恋する男女はいくどもいくども過酷な試練に耐えなければならない。人生でもそのとおりで、男女がめぐりあって、愛し合い、幸せな結婚をして末永く幸せな生活をおくったなどということはめったになく、夫婦でも恋人でも本当に相手を認め、理解し、欠陥や不幸があってもそれをのりこえて真実の愛に到達するということは簡単なことではない。

c 天女、妖精、悪魔の娘

昔話では「天人女房」でもいいが、愛が成就する物語は、多く三人娘、三人兄弟、見るなの禁など共通したモチーフで構成される。末娘は不思議な城の主である「野獣」や、「カラスの王」、「風の王」などの嫁になる。末息子は白猫や鵞鳥姫の夫になる。野獣やアモールは夜しか訪れないが、西洋の蛇婿は、夜は蛇の皮をぬいで美しい王子になる。城の中では何不自由のない生活をおくる。が、禁忌をおかすと、すべてがきえさる。

禁忌の代表は天女ウルワシの話で、シャンタヌ王は天女に裸をみせてはならなかった。フランスの妖精メリュジーヌは金曜の夜、その姿を探してはならなかった。その日は下半身蛇になって水浴しているのである。ブレックノックの湖からやってきた妖精には、馬のはみなどでさわってはならなかった(アルフ＝ランクネール『中世の妖精』)。スイスの山のなかの妖精には「蛇」といってはならなかった。羊飼いがであった山の妖精は寝ている間にその足をみると鵞鳥の足だった。しかし、それこそ妖精との愛をつむぐにはしてはいけないことだった。騎士ランヴァルの恋人は、妖精を恋人にしていることを人に言ってはならなかった。フランスの昔話、AT313番の「うるわしのウラリー」は「悪魔の娘」ともいい、黒山のあるじである魔法使い、あるいは悪魔にさらわれた王女か、あるいは悪魔の娘そのものだったが、青年が悪魔との契約をまもって悪魔の城にいったとき、彼に課された難題をなしとげる手助けをしてくれ、ともに逃げ出す。彼女を地上へつれかえったとき、まっていた家族のだれとも接吻をしてはならなかった。母親とだきあって接吻をしたとたんに、地底の世界での悪魔の城でした冒険も悪魔の娘のこともすっかりわすれてしまう。

「恋する悪魔」(Cazotte)であるビヨンデッタという「悪魔的な少女」にとりつかれた青年は少女

が悪魔であるとおもいこむ。ただ、愛情が過剰な恋する女でしかないのか、悪魔に使われている女か、あるいは悪魔そのものの化身か、だれにきいてもわからない。

マノン（プレヴォ）という女もデ・グリウにとっては悪魔だったかもしれない。悪魔だったとしても甘美な悪魔ではあった。彼女への愛に青年はすべてを忘れるのである。

『天稚彦物語』ではつづら（櫃）をあけずにまっていれば、天へのぼっていった夫がいずれもどってくるはずだった。浦島の玉手箱のように、その箱やつづらをあけさえしなければ、天や竜宮との通い路が保証されていた。あけたとたんに竜宮や天との通い路がとだえるのである。やむをえず女は瓜の種をまいて、のびてきた蔓をつたって天へのぼり、スバル星たちに道をききながら星のあいだに夫をさがす。「鶴女房」などでは物語は別離で終わるが、『美女と野獣』でも、「天人女房」でも『天稚彦』でも、恋する人とはそう簡単にはわかれられない。『美女と野獣』では、期限の日をこえて城にかけつけてみると、夫の野獣は息絶えてたおれている。女は野獣にとりすがり、ひしとだきしめて熱い涙をそそぐ。その心からの抱擁が、魔法の力をうちやぶり、野獣は美しい王子になり、息をふきかえす。

日本の昔話は「鶴女房」でなくとも、去ってゆく天人の姿を手をつかねて茫然と見送る場面が多い。ハマグリ女房ではもっと残酷で、料理の秘密を見られた女房がハマグリになって「もっくりもっくり」海へむかってはってゆくのを夫は冷酷に見送る。「蛙女房」でも蛙の正体がわかったら、夫は無慈悲にも女にむかって出てゆけといい、女は蛙になってぴょんぴょんと跳ねてゆく。

第Ⅳ章 愛の二元性

「愛と死の相克」などという。エロスとタナトスともいう。本当は、それは同じことではないだろうかと思う。愛と憎しみだって、同じ感情のふたつのあらわれかもしれない。無関心と愛はおそらく違う。しかし、愛は、一見、愛にそむくように思われるものとともにあらわれる。「あんな人、大嫌い」という人と一緒になったりする。愛のために死ぬ、それは矛盾ではなく、ときには最高の喜びかもしれない。愛は苦しみである。一度でも愛したことのあるものなら、いわれなくともわかっている。

1 愛と恋、愛の魔

地上と天上世界、あるいは地上と地下に相似形のふたつの世界があり、相互に照応しあっている。

天上、地上、地下が一元的で、天の神が地上も地下もおさめ、地下におとした悪人が悔い改めれば地上にもどしたり、天上にむかえたりするという構造の場合もあるが、天空の神の支配が地下の冥界にはおよばない場合もある。

愛についても天上の愛と地上の愛がある。神の愛と人間の愛である。天のウェヌスと地のウェヌスがいる。あるいは幸せな愛と呪われた愛である。これが別種のものであることもあるが、ひとつの愛にふたつの性格がある場合があり、補い合うこともある。

a 精神の愛と肉体の愛

光と闇、火と水があり、たがいに対立しながら、補い合っている。それと同じく、愛と愛に反するものがあり、相補的な関係にある。愛に反するものとは、死であり、憎しみであり、あるいは抑圧権力であるかとも思われる。しかし身分や宗教の違いといった一般的な愛の障害は愛をさまたげはしても、二元構造は構成しない。グランデじいさん（『ウジェニー・グランデ』）においては、金銭欲が愛をうわまわるが、これまた、相拮抗するわけではなく、彼においては金しかない。愛と死もかならずしも対立概念ではなく、死が愛の成就をさまたげることもあるが、逆に愛を成就させるためにともに死ぬこともあり、死は生の対極ではあっても、愛と拮抗するものではない。社会制度や主君、あるいは父親の命令といったものでも、愛をさまたげることはあっても、それ自体、愛と対立する概念や制度ではなく、社会制度はアナルシスムや原始社会とは対立しても、愛とは制度そのものとして対立するわけではない。社会制度のなかには婚姻制度もあり、それに反する愛を断罪しても、婚姻制度にまもられる愛もあるからである。しかしまた、「結婚は愛の墓場」ともいう。愛の反対が憎しみかというと、愛しているからこその憎しみもあり、無関心な関係では、憎しみも発生しない。多くは、おおいなる愛を裏切られたとき、無視されたときなどに愛が憎しみに転化する。愛を憎しみがさまたげるということもない。愛着の反対は嫌悪であるかもしれないが、あるもの、あるひとにひきつけられるとともに反発するという愛の葛藤のなかで、反発が嫌悪であることはかならずしも多くない。

愛と恋は似ていても別々なものである。恋情には怖れと憧れがないまざる。強くたくましい悪党、やさしいけれどもたよりないお人よし、そのどちらにもひきつけられるとともに不安や怖れ、あるいは不満をおぼえる。ここではまだ「愛」は生まれていない。その不安や怖れをおしきって、だれかを真剣に愛しだしたとき、その「愛」は相手の無関心、自分のなかの矛盾した気持ち、ほかのものへの愛や熱中、あるいは相手の出征、死亡、結婚などによって、冷却することがある。社会的抑圧や、金銭的障害はむしろ「愛」をより強化する。「愛」に拮抗するものはおそらく、理性的判断だろう。しかし「愛」によっては理性的判断を排除しない「愛」もあるだろう。

一般的に言って、愛には精神の愛と肉体の愛の二面があり、そのふたつが一致することもあるが、片方だけのこともあり、また二つが対立することもある。精神的な愛が肉体的な欲望によって阻害され、あるいは損なわれたり、変質したりすることがある。ジェルトリュード（『田園交響曲』）は肉体的な愛をしったときに、それまでの精神的な愛をうしなったのである（彼女が目が見えるようになったときに老いた牧師がいまわしくなったと解釈されているが、実はそのまえにジャックと肉体的に結ばれていた。そのときにすでに牧師とのきずなはたちきれていた）。親子、兄妹が精神的に愛しあっているうちはいいが、そこに肉体関係がはいりこむと、ふつうは精神的な愛は変質し、罪障感にとってかわられる。しかし、これは社会制度によるもので、義母と息子、父親と嫁の肉体的結びつきが、たとえば夫の死後は処罰されないばかりか、奨励される社会もある。神話世界では近親間の性愛の禁忌はふつうはみられない。エジプトのファラオーはむしろ兄妹同士でむすびついた。ペルシア人だと「父親の死後、息子は母親と結婚できた」（『文学作品と伝説における近親相姦モチーフ』601頁）。

そもそも男女の愛でも双方が同時にひとしく燃え上がることはすくなく、つねにくい違う。愛することと愛されることは同じではなく、愛を求めることは愛されることを求めるものの、愛されるには相手の意思がかかわってくるのである。双方が積極的に相手を愛し、相手をその愛でつつみこもうとするときに、主体性を求める相手が反発することもある。男が女を愛し、女が男を愛する。これはふたつの別個なもので、そのふたつが一致することもあるが、しないこともある。

愛を宗教の原理のように考えると、愛とはひたすら良いものであり、悪しき愛はないというかもしれない。しかし、偏愛、溺愛、煩悩という言葉がある。悪の顕現としての愛もあるのである。

「愛の為に死ぬ」ということが最高の愛の形であるとされるが、そのときはかならずしも相互の愛である必要はない。相手がそれを知らないこともある。

キリストは人類への愛のために死んだ。しかしそれを知らない人間もいる。新興宗教の教祖が人類への愛のために死んでも、だれもそれによって救われもせず、そのこと自体、知られずにおわることもある。

人類愛ではなくとも、特定の一人を熱愛するときは、ほかのものへの愛情は減退する。夫と不倫の恋人とをともに同じように熱愛することはむずかしい。恋愛が主君への忠誠に反することはよくある。騎士道であれば、一般に女人への愛は騎士の勤めをおろそかにさせる。恋のために国を売るものもいる。普遍的な人類愛にたいして、排他的な恋愛がある。特定の恋人を愛することと、万人を愛することは矛盾する。人類愛、主君への愛、国への愛、配偶者への愛、恋人への愛、すべて別で、たがいに矛盾することがおおい。ひとつの愛をつらぬくには他の愛をすてなければならない。

一般に子供は大人になって、家庭内の親子の愛からのがれて、異性をもとめる。家族ぐるみで集団同士が愛し合うということはまれで、ふつうは個の家庭からの独立になる。ライオンなどでも、あたらしいカップルはもとの群れからはなれる。

ライオンは母親が子供をいつくしむことはあっても、成長すればおいだす。子ライオンを母ライオンが「愛する」ことはない。ライオンにあっては家族愛も同胞愛もない。

そのライオンを人間が飼育してかわいがる。「愛する」と言っていいくらいにまでなることもある。しかし、ライオンのほうでは、その「愛」への応報はかんがえない。機会があれば、飼い主を食い殺す。自分の愛情が相手にもわかっていると思っていた人間が食い殺された事例はすくなくない。

猫でもたいていは、人間の愛情をうるさがる。猫が人間を愛したことは知られていない。「猫女房」、「猫檀家」のように昔話では猫の報恩はあるが、報恩まではありえても、愛ではない。

愛という感情は人間特有のもので、精神的なものである。男女間ではその精神的な愛に肉体関係が随伴する。また経済的な関係も発生する。しかし婚姻関係や性的交渉に精神的な愛がかならず随伴するわけではない。

b 真昼の魔

愛という関係ではなく、愛という感情は、破壊的で、暴力的である。はげしく燃えあがり、それに近づくものを燃し尽くす。「恋が互いの運命を傷つけないことは稀なのだ（『出家とその弟子』）。平穏無事な生活をおくっていた中年男が突如として愛のほむらにとらえられ、前後を忘れ、若い女への恋情に走って、家庭も、地位も失ってしまう。あるいは愛の激情のなかで思いもしなかったような犯罪をおかし、人殺しまでおこなう。ヨーロッパではこれを「真昼の魔」にとりつかれたとする。この魔はいったんとりついたら、死ぬまではなさない。社会制度としての婚姻にみちびかれない恋愛や、性の衝動はたいてい破壊的で、放火、殺人、詐欺などに人を導き、社会的人格を崩壊させる。エロスとタナトスを対立概念としてとりあげるときは、死が事実としての愛に対立するのではなく、エロスの衝動が破壊衝動と不可分にむすびついていることを問題にする。それは対立ではなく、一つのものの二面であろう。エロスには死の衝動が含まれる。

始原のエロスは万物を生成する。アレス（マルス）の子のエロスは無考えに恋の矢をはなち、その結果には責任をおわない。理性の支えのない恋は、それにふれるものを破壊し尽くす。始原のエロスも混沌の海にはいってそれを受胎させた火の神アグニと同一であるともみなされる。そのときは、火の破壊性をもっている。

「真昼の魔」という観念は地中海地域のものである。結婚して十年から二十年たった夫婦が悪魔に誘惑されて、若い相手と浮気をする。真昼の（悪）魔という表現は中年の愛という意味と同時に、昼の熱さをさけて昼寝をする地中海沿岸の風俗からきている。夜は夫婦でおとなしく床にはいる。昼寝のベッドには往々にして婚姻外のパートナーがしのびこむ。四、五十歳のカップルの九十五％は「真昼の悪魔」の誘惑を一度はうけたことがあるという（フランスの社会調査）。

本当の愛、燃えるような愛こそすべてであるという文化で、しかし、大半の人々がしなびた配偶者をみて、自分は理想の愛を追及することをおろそかにしていると感じるらしい。家族や夫婦の絆があり、社会的責務や仕事や法律がある。それらをときにひっくりかえすような情熱的な愛がある。しかし、その愛に邁進すれば、家庭も崩壊するし、社会的にも落伍し、あるいは法的に追及される。そのとき、「愛の宗教」というキリスト教はそのような愛の殉教者を許すのか、罰するのか、神は罪をおかしたものをこそ救ってくれるのではないか、愛であれ、なんであれ、信ずる道を邁進したものが救われるのではないか、中途半端に家庭のきずなにしばられ、会社の上役のご機嫌取りに終始して、本当の人生を生きなかったものに救いがあたえられるはずはない、いまこそ本当の人生を生きるのだと叫んで、四、五十歳の働き盛りの男女が二十も年下の相手と恋の道行きをする。

『薔薇の名前』では修道士がおぼえる肉欲の誘惑を「真昼の悪魔」と呼んでいる。

c『恋する悪魔』

フランスの幻想文学の古典、カゾットの『恋する悪魔』は、可憐な美女ビヨンデッタに悪魔が化けて男を誘惑するという設定だが、ビヨンデッタが本当に悪魔なのかどうか次第に不明になってきて、要するに彼女はただの女だが、ただの女のなかに悪魔が住んでいて、彼女を愛するものは愛の恍惚の中に地獄へさらわれてゆくのだという話であることがあきらかになってゆく。

ビヨンデッタとの愛に夢中になっていると、世の中のことが見えなくなり、まず母親をはじめとする父母の教えや慈愛を忘れる。ついで、士官としての職務上の義務などほうりだしてしまう。社会的責務の放擲である。

椿姫の愛に夢中になった男は財産も地位もすべてなげだして、女とともに地獄へまっしぐらにつきすすむ。女はわたしのために泥棒にまでなった人をどうして棄てられるのといって、ますます堅くしがみつく。溺れるものにしがみつかれたら、ふたりとも溺れる。ふたりは確実に地獄へおちてゆく。

ゴーティエは『恋する悪魔』のパロディとして『恋する死女』を描く。その主人公クラリモンドは死霊である。血をすすって生命をたもつ吸血鬼である。もっともそれも一つの説明で、本当の素性は明らかにはされない。素性のしれない美しい女性である。男が神父として叙階された叙任式で、教会につめかけた人々のなかに女がいた。その女が死にそうだというので、終油の秘蹟をあたえに呼ばれる。行ってみると死にかけた女、あるいは死んだ女がおきあがってにっこりとほほ笑む。男は彼女のために僧侶としての勤めも自覚もなくし、愛に惑溺してゆく。すばらしいエロスの饗宴がもたらされる。男は社会的にも精神的にも堕落し、意識は分裂し、人格は崩壊する。クラリモンドは男の全身の血と魂をすいとって、最後に勝どきをあげるはずだった。それにたいして、ロムアルドの魂を指導する役の老師がクラリモンドの墓をあばいて聖水をふりかける。クラリモンドの精一杯の愛を本物だと思っているものにとっては、教会の掟が愛を滅ぼすものになる。

神の愛、社会的責務、家族のしがらみ、あるいは家族愛、それらと、「悪魔的な女」への愛が対立する。いずれも魔性の女、宿命の女、悪魔のような女、あるいは悪魔そのものである。

ゾラが描いた『ムーレ神父のあやまち』では、聖母への愛に身も心もこがした青年司祭が病気になって死線をさまよう。野生の少女アルビーヌが、森の館で彼を献身的に看病し、ついでに童貞司祭に性のてほどきをする。司祭は一時は愛の喜びにすべてを忘れ、司祭館へ帰らずに、少女との愛の楽園にひたりきる。しかし、あるとき、その楽園の塀の破れ目から外界をみて、彼があずかっている教区の現実を思い出す。とたんに彼は、裸になって彼にまとわりつくアルビーヌを棄てて、村へ帰る。棄てられた少女は死ぬ。

d　フランスの愛

アーサー王物語には英国系とフランス系がある。フランス系ではアーサーの妃と王の騎士ランスロの愛が美しく歌われる。愛は禁じられた愛だからこそ美しく燃え上がる。フランス人にとっては愛こそすべてで、自由で純粋な愛を禁じ、あるいは罰する社会や法は「悪」、愛ゆえに罰せられた恋人たちは愛の殉教者とされる。

「愛は人を燃やすものだ。（……）この愛を絶やさないように、ゆっくりと確実に、焔を燃しつづけることは出来ないだろうか」とフランス文学者の福永武彦はいう（『愛の試み』）。そんなものは「愛」ではないとフランスではいうだろう。保身とか、永続といった観念と、フランス風の「愛」とは両立しない。愛するときはいかなる思惑もこえてしまう。

フランスの政治家が不倫を週刊誌に暴露された。しかし、わたしが悪かったといってあやまり、社会も彼の家族もゆるした。二度目のスキャンダルのときはさすがに世間はつめたかった。しかし、本人は、女を愛して何が悪いとひらきなおった。大統領などでも、古女房とわかれて、若い女性と再婚したりすれば、アメリカや日本なら、選挙でまけるところをフランスでは大衆の同情を獲得して勝つ。恋愛至上文化なのである。しかしもちろん古いブルジョワモラルを堅持する連中もいる。高校の若い女教師が教え子とハイキングにいって、全裸になって川で水浴をし、すっかり親密になって将来を誓いあうようになったのを、周囲の古い社会がよってたかって断罪し、未成年者を誘惑したかどで、有罪となった。それをその女教師のもとの指導教授が小説にしてベストセラーになった（『裸の川』）。彼（作家）と彼女の関係が彼女と彼（学生）の関係と同じだったらしい。不倫でも、未成年でも、違法でも、愛がすべてという社会である。むしろ計算ずくの愛を不純とし、社会的制約を逸脱しようとするものを「純愛」とよぶ。

e アンテロス

エロスあるいは真昼の魔にとらえられた人間が、その呪縛をのがれることがあるとすれば、それはアンテロスのおかげである。エロスが盲目であり、破壊的な暴力であるなら、アンテロスは理性的で、かつ相互的な愛である。ソドマの描いた《エロスとアンテロス》では地上のウェヌスがエロスをしたがえており、天上のウェヌスがアンテロスを指揮している。

ソドマ《エロスとアンテロス》1500年頃
パリ、ルーヴル美術館

エロスをよき熱情とみなすひとは、アンテロスを愛をさますもの、つめたいもの、愛せないもの、あるいは愛を退けるものと解釈する。

当初はアンテロスには愛にこたえるものという意味しかなかったが、神話では十分に規定されないまま、のちの人々が自由に想像するにまかされた。

その結果、反逆者の愛、神の愛にそむくものなどと想像されることもある（ネルヴァル『アンテロス』ほか）。しかし、エロスを混沌の海を受胎させ、万物をうみだした創造の原動力としてではなく、盲目の愛を掻き立てるいたずらものとみたときには、その盲目の愛に翻弄されるものを救うもの、盲目の愛に理性的・精神的な側面をあたえるものと理解される。また、愛されないものは、アンテロスによって、慰めをあたえられるとも解釈される。

プラトンはアンテロスを鏡に映った愛として、同性愛において相手のなかに実は自分をみて、それを愛しているとき、それがアンテロスだとしている。

そもそもエロスは大地とともに最初にうまれた神で、混沌を受胎させて万物を生成したとされる（ヘシオドス）。アプロディテとアレスのあいだに生まれたエロスは二番目のエロスで、そのときアンテロス、デイモス、ポーボス（恐怖と不安）、それにハルモニアがうまれたとされる。さらにヘルメスとアルテミスの間に三番目のエロスがうまれたとされ、これが画家たちのえがくクピドになったという。ルネサンスのころはパノフスキーが示したように二番目のエロスが「盲目のクピド」として想像されていた。エロスが盲目的にはなつ矢をうけたものは報われない恋をし、不幸な愛に苦しむ。アンテロスは相互の愛を司るとされる。アンテロスがうまくはたらいてくれれば幸せな愛が保証される

（ちなみにプラトンの世界では高貴な愛は同性愛である）。

たとえば、ティマゴラスはメレスを愛したが、メレスはつれなくしていて、崖からとびおりるような無理な要求をする。ティマゴラスが要求どおり崖からおちて死ぬと、メレスもあとを追って飛び降りて死ぬ。それを記念してアンテロスの神殿がたてられたという（グリマル『古典神話事典』286頁）。エロスが一方的な愛、アンテロスが相互の愛で、その場合、同性愛でも異性愛でも、幸せな愛でも不幸な愛でもかまわないようである。がどちらかというと、双方がともに死ぬ不幸な愛をみちびくのがアンテロスのようである。

しかしアンテロスという言葉の感じからは、エロスに反するもの、反愛というイメージがつよく、不和をつむぐものともされる。ネルヴァルは『アンテロス』と題するソンネをあらわしたが、アンテロスを「反逆者」、神に見捨てられたもの、したがって、カインやルシファーの系列のものとした。

つまりエロスとアンテロスは、どちらがどうというのではなく、愛をめぐって反対の役をはたす兄弟で、エロスが愛をもたらすなら、アンテロスは不和を、エロスの愛が破壊的なら、アンテロスの愛は温和で建設的で、エロスが一方的な愛なら、アンテロスは相互の愛、あるいは愛の応報である。またエロスがアプロディテにかわいがられる子なら、アンテロスは母親から嫌われた子である。兄弟神で相反する行動をする。そのいずれもが「愛」の複雑な様相をあらわしている。

2　愛の諸相

愛にはいろいろな顔がある。血みどろな愛も、寛大な愛も、哀しい愛も、美しい愛もある。たえず傷つけあい、戦い続けた夫婦が、一方が寝たきりになって、相手がだれだかわからなくなったら、のこされたほうが献身的に看病し、いまこそようやく平静心で愛することができますという。

a 天の瓜・竜宮・天竺

フランスに真昼の魔や、悪魔の恋人の話があるなら、日本には天人女房の話がある。昔話としての天人女房はフランスではAT313番「悪魔の娘」になる。キリスト教世界における妖精、天人などの超自然要素の悪魔化ともみられる。

天人女房は男をきらうわけではないが、飛び衣をみつけるとそれをきて天へもどる。彼女には天での生活と地上の生活があるのである。あるいは天上の生活がすべてで、地上の男にはすこしも未練も愛情もいだかない。

「牽牛織女」でも、織女は地上で牛飼いと一緒になったが、彼女の本来の生活の場所は天で、天帝が命ずれば、男のもとをさって天へ帰らなければならない。それを追って牛飼いが天にのぼっても、違う世界でそう簡単にはもとのよりはもどせない。日本の「天人女房」だと、いなくなった天人をさがして天までのぼっていった男は、天の畑で瓜の番をさせられる。それを食べてはいけなかったのに、つい手をだして、そこからはてしなく水があふれて、天の川になり、男はそれに流されて地上へおちる。地上で夫婦だったのなら、天でも夫婦だろうとおもうとそうはいかない。天の論理では地上の男は虫けらである。地上の縁組は天では無効である。

あざらし女房というスコットランドの物語では、あざらしたちが毛皮をぬいで岸辺でおどっているときにその衣を隠してその中の一人を女房にするが、女はやがて毛皮を見つけて海にもどる。すると、海の中では二頭のあざらしがうれしそうに喜戯しているのがみえる。

地上の生活と海中の生活があったのである。竜宮婿などでは、竜宮の婿になった男に再会した地上の女は、自分はもう竜宮の婿になったからあきらめてくれといわれる。

「月の夜ざらし」では、夜、取り込むのを忘れた浴衣を着せた夫がいなくなる。あるとき小道のむこうから歩いてくるのに会うが、月の婿になったという。

「梵天国」などでは、天人を妻にするが、油断をしているすきに鬼にさらわれる。あるいは地上の領主もその天人をほしがる。凡夫が天人との愛を全うするには艱難辛苦をへて、天と地を往復し、鬼を退治しなければならず、そののちでも、殿様の無理難題をクリヤしなければならない。愛の実現にはかずかずの障害をのりこえなければならない。

フランスの男などが日本の娘とねんごろになる。恋愛なしの生活は考えられない人たちである。口説かれた娘は自分だけだとおもう。実はフランスに立派に女房子供がいるのである。娘は騙されたと思う。男はまじめに恋愛をしていたつもりでいる。

実家と婚家のあいだを往復して生涯をおくった女もすくなくない。それはめかけの家と本宅とをいったりきたりしていたいそがしい町人の生活と同じことで、二重の生活といっても性格の分裂にまではいかない。山崎豊子の描く『ぼんち』の主人公は五人ばかりの妾の家を順繰りにまわって歩く。御苦労なことだと思うが、本人はおおまじめなようである。

b 愛は死よりも強し

もうひとつは光と闇のように、愛と反愛があって、二元的構造をもっている。善悪は二元で、善とは悪がないことではない。善は悪をうちやぶるものである。それに対して、愛については愛を否定するもの、それに反するものがある。それと戦って、愛が全うされる。『金色夜叉』でいえば、金や名誉である。王冠をかけた愛であれば、王位である。男女愛にかぎらなくとも、猫にたいする愛情でもいいのだが、一応、男女愛にかぎってみる。それを全うするには金、社会的拘束、親子などの係累を乗り越えなければならない。

宗教的障害としては、宗教を異にするもの同士の結びつきを宗教がさまたげることがある。ただし、それは婚姻の場合で、婚姻外にひそかに愛する場合は問題がないかもしれない。シャトーブリアンが描いた悲劇では、アタラは宗教的な誓約にしばられてシャクタスとむすびつくことができずに死ぬ。ルネは実の妹を愛し、兄妹の結びつきを禁じる宗教によってひきさかれる。ヴェレダはドルイドの教えとキリスト教徒への愛にひきさかれる（以上、シャトーブリアン）。

ポールとヴィルジニ（ベルナルダン・ド・サン＝ピエール）は親によって引き裂かれる。パオロとフランチェスカは夫によって殺される。ランスロとグニエーヴルはアーサーの存在によって妨げられる。

『源氏物語』では義母との関係や不倫は数知れない。その罪を自覚することはあっても、関係自体はどんどん進行する。障害があるだけに愛がつよまるとさえいえる。ときに六条御息所の怨霊がさわぎだしたりするが、物語の中の愛はおおむね順調に発展する。衣通姫と軽皇子の愛は悲劇に終わる。『トリスタンとイゾルデ』は「呪われた愛」である。ここでは媚薬がなくとも若者同士が愛し合っていた可能性は高い。日本でも天皇に召された女が、その命をつたえに来た使者と通じた話はたくさんある。媚薬より、権力者の介入が、愛を悲劇にかえる。毘沙門の本地、梵天国、絵姿女房、桃売りなどで、殿様にめしだされた女、あるいは鬼にさらわれた女がもとの亭主のところへもどる話は、女をなびかせるには金も名誉も力ずくでもだめで、女にはひたすら働きのない村の男がいいという話だが、はたして「愛」の絶対性を語るものかどうかわからない。西洋の昔話の「白猫」などは愛の物語というよりは致富譚である。

逆に愛と富と権力がともに手に入ることはすくない。昔話では竜を退治した少年が王女を獲得し、やがて王位にのぼる。しかし、ここで王女が本当に少年を愛していたかどうかわからない。王女はもうすこしでほかの男と結婚しようとしていたのである。それに竜の生贄になろうとしていたときまで、少年にはあったこともないのである。しかしおおむね、昔話は幸せな結婚でおわる。

昔話ではなく、「愛」を語る文学の世界では、「愛」は「富」や「権力」とはむしろ矛盾する。王冠をかけた恋であり、『金色夜叉』である。悲恋物語の代表といえば、『椿姫』『マノン・レスコー』あたりだろうか。あるいは『赤と黒』だろうか。『谷間のゆり』だろうか。

『マノン・レスコー』はむしろ悪魔の愛といってもいいだろう。彼女の魅力にとりつかれた男はデ・グリューだけではなく、すべて、ほろびるのである。男という男を破滅させせなければやまない悪魔である。デ・グリューの愛は執着、あるいは悪しきパッションといっていい。悪癖のようなもの、麻薬のようなもので、足をあらおうとしてものがれられない。ただ、作者プレヴォは、このふたりの愛を真剣なもの、哀れむべきものとして描いている。読者はだれもがそのふたりの運命に涙してよむのである。円地文子は似たような「宿命の女」を『賭けるもの』で、徹底的な精神異常者、男を破滅させる悪女として描いた（後出）。日本とフランスの愛にたいする観念の違いでもあろうし、女性の作者が悪魔のような女にたいして冷たいのかもしれない。しかし、それが「宿命の女」だったら、恋するふたりをひきさくのは無情であり、恋ゆえにほろびても恋人たちには本望なのである。『マノン・レスコー』を円地が描いたら、女を批判し、つきはなして描くであろう。

ガルシア・マルケスの『愛、その他の悪霊について』では、カーニバル的グロテスク・リアリズムの文体がめちゃくちゃな男女関係の叙述をつらねたあと、図書係り修道士のデラウラが「悪魔の娘」シェルバに取り憑かれ、その生活が地獄になるさまを描きだす。「何か巨大な、取り返しのつかないことが自分の人生において起こり始めている」。少女が悪魔つきとみなされて閉じ込められている修道院の独房に修道士は忍び込み、「悪魔の愛」をかわす。修道士は異端の疑いで追放され、少女は悪魔払いの責め苦を課されたまま「愛のために死んだ」。医師が言っていた。「愛というのは自然の理に反した感情であって、見知らぬふたりの人間を、さもしい不健康な相互依存の中に閉じこめるものであり、強烈であればあるほどはかない関係に陥らせる」。

修道士は古今の本をよみあさっており、そのなかにはヴォルテールの『哲学書簡』まであるという自由思想家である。その彼をさえ、「愛」という「悪霊」はとりこにし、錯乱させた。相手は十二歳の少女である。無気力なスペインの侯爵と奔放なインディオの女とのあいだにうまれ、ほったらかされて、アフリカ人の奴隷たちのあいだでそだった。最初は修道士の夢にあらわれた。彼はなぜ引かれるのかもわからぬまま不思議な力でひきよせられ、地下通路から修道院にしのびこむ。性愛を禁じられた修道士の抑圧された性が思い描いた幻想だったろう。幻想であるからこそ、じっさいに少女をさらって、地下道をとおって逃げ出すことはかんがえもしなかった。しかし、女が悪魔ではないまでも、ある種の超越性をもっていたことは、のちの時代にその少女の墓をあばいたら、何メートルにも達する髪がほとばしり出たというところからもあきらかである。

同じような状況がバルザックによっても『淫夢魔』で描かれていた。悪魔つき、あるいは魔女の嫌疑をかけられた奔放で野性的な女ズルマを審問する厳格な長老が、いつか女の魅力に迷っていた。長老は八十何歳かではじめて知った性愛の歓喜にわれを忘れる。女はただ、愛しすぎるのが欠点というだけの野性的サラセン女である。しかし、厳格なことでしられる長老をたらしこんだことだけでも魔性の女である証拠だとされた。長老のつけていた日記で、性愛の極致に無限の星空にのぼって星たちの交合に参加し、みずからの精液が銀河となってほとばしりでるような幻想が記録されていたことも、女の悪魔性を証明するものとされた。

ゾラの『ムーレ神父のあやまち』でも、聖母崇拝に夢中になっていた童貞司祭が、野性の少女アルビーヌとの愛にわれを忘れ、宇宙全体の性の祝祭に参加する幻想をおぼえる。ムーレ神父は異端の嫌疑をうけることなく、司祭のつとめにもどるが、アルビーヌは花につつまれて死ぬ。森の中から、ありとあらゆる強烈な芳香の花をつんできて、その毒を吸いながら死ぬのだが、致死性の芳香を発する花というのもありえない幻想である。しかしマルケスの場合でも、バルザックでも、ゾラでも、修道士や神父や異端審問官が、奔放な少女の性に翻弄され、性愛の歓喜を地獄ならぬ、天界のよろこびのように誤認するという筋書きは共通している。女弟子エロイーズとの愛に我を忘れた神学者アベラスドゥスの罪と喜びを、かれらヨーロッパの作家の想像が普遍的な状況に応用してゆく。

ちなみにマルケスはある意味で恋愛至上主義で、初恋の相手を五十年まって七十をすぎて求婚する『コレラの時代の愛』も、あるいは百年のあいだ生きつづけて、一族の愛と死をみつめつづけた老女の物語『百年の孤独』でもその主題は絶対の愛なのである。それも一族のあいだの反復的族内婚で、代がかわっても同じ名前を代々つけたアウレリャーノが何代目かのウルスラであるアマランタを姉であるとおもいつつ、崩壊してゆく屋敷のなかにこもって愛し続ける。それは合わせ鏡の迷宮に似て、はてしない反復の愛の物語であり、自分のしっぽを齧るウロボロスのように、ぐるぐるめぐりをする同族同士、あるいは自分同士の愛である。マルケスの世界では、姉であろうと弟であろうと、一族のあいだで愛し合うことになんの疑問もない。その一族の外へ出たらだれにも理解もされず、愛されもしないのである。閉ざされた輪の中の愛は絶対である。

『愛は死よりも強し』（モーパッサン）は、愛が年齢によってうちたおされてゆくことを如実にしめしている。夫がいながら、画家との情事をかさねていたアンヌは、やがて美しく成長した娘のアネットに画家の気持ちがかたむいてゆくのに気付く。また若いつもりでも、母親は娘におよばない。その娘に心をひかれる画家のベルタンにしても、アネットの若い恋人にはおよばない。老いることが死よりも強く、愛をさらってゆく。しかし、画家が死を選んだのは、決して若い女を青年にさらわれてしまうからではなかった。作品に対する不評、それまでひそかにうたがっていた自分の才能の枯渇についての確信、それが彼を死へむかって投げ出していた。アンヌの愛がそれまでは、彼の画筆に艶をあたえていた。霊感をといってもよかった。彼女との新鮮で燃えるような愛がそのあとで、キャンバスに立ち向かわせていた。彼女の献身が彼に自信をあたえていた。しかし、娘のほうに気をとられているうちに、母親に疑われ、そして、愛を失うまいと必死になった彼女の態度に辟易しているうちに、彼は作品にいろどりと霊感をあたえてくれるミューズをうしなっていた。そこにいるのは、ただうるさくつきまとうしなびた老女でしかなかった。

この画家、ベルタンも、もう少し元気なら『田園交響曲』のように、娘のほうの心を奪い取ることもできたかもしれない。五十ほどの歳で、若い女に見向きもされなくなることはない。彼はアンヌとほぼ同じ歳だったろう。夫の伯爵とはいい友人だった。これもほぼ同年齢だった。娘が十八だから、母親が四十少し前だろう。とすれば画家はせいぜい五十だろう。そのころの画家たちをみると、モネにしても八十を過ぎても旺盛な創作欲をみせていた。もっともモーパッサンのほうがモネより十下でありながら、一八九〇年には病気のせいで、廃人になっていた。まだ四十歳だった。『死よりも強し』はその前年の作だった。

愛の主題を追求していたフランス文学は『クレーヴの奥方』から『マノン・レスコー』『死よりも強し』『田園交響曲』と、悲痛な愛しか描けなかった。悲痛な愛しかありえないかのように。小説は死か結婚でおわる。しかしフランスの小説で男女がむすばれて、幸せな家庭をきずいたなどというものは皆無である。恋する男女はすべて死ぬ。神に愛された人間が夭折するように、愛という神秘の炎にやかれた男女は死ななければならないのだ。

恋愛至上主義の世界ではない英国でも哀しい愛の物語に欠けはしない。トマス・ハーディの『テス』

くらい哀しい物語はない。しかし、最後に愛するものとともに何日間かをすごすことができたテスは幸せだった。その数日の幸せのために、彼女の人生の苦しみと罪があったともいえるのである。彼女をもてあそんだ地主の息子にしても、牧師にしても、最後は彼女に許しを乞い、地主はおそらくテスに殺されることに満足し、牧師はその教義を捨てて、古代の太陽崇拝にかえり、朝日がさしてくるストーンヘンジの巨石の上にあたかも神への生贄のようにテスを捧げている。彼女の一生の不幸のもととなった誘惑者を殺し、彼女を理解せずにわかれていった牧師と再会して一緒に逃げた日々、彼女ははじめて幸せを知った。その幸せな日々をかちえたのだったら、それまでどんなに運命に翻弄され、さいなまれてもかまわなかった。どんな罪をおかしても、そのためにまもなく断頭台にのぼろうと、彼女は幸せだった。こんな絶対的な恋愛至上主義をフランス人は考えもしなかった。

c 愛と「いろごのみ」

中西進の『日本人の愛の歴史』は王朝から鎌倉時代の物語の世界を中心にして論ずる。万葉にうたわれたおおらかな男女の愛は、『古事記』でもオホクナムチとヌナカハヒメの率直な相聞歌にみられ、それが王朝の複雑な儀式ばった情事になるのは、フランスなどでも同じ宮廷文化の「プレシオジテ」、いわば「文化のあや」だが、本当の文化ではないだろう。万葉の人間性、王朝の女性文化、鎌倉の武士文化、それは江戸の町人文化とそれぞれに日本の愛のよそおいをかえても、そこに通底する日本の愛の特性はこの本ではあまりはっきりうかびあがってこない。

江戸時代の愛の歴史では西鶴の『好色五人女』、近松の心中ものなどが多く論じられる。暉峻康隆の『日本人の性と愛』や諏訪春雄の数々の仕事がある。

心中というものが日本特有の文化のように言われることがあるが、愛するものが死んだのを見て後追い自殺をする話ならギリシア神話でもピュラモスとティスベーの話など数多い。ともに殺されて地獄の風にふかれながらしっかりだきあっているパオロとフランチェスコにも死をこえた愛の形がある。ロミオとジュリエットも心中のひとつだろう。

山折哲雄の『愛欲の精神史』はマックス・ウエーバーをふまえながら、インドのエロスとガンディーについて語り、日本では密教の女人成仏論から、『とはずがたり』、西行まで論じている。

ほかにも「日本の愛」を語る論考は多々あるが、「日本の愛」の本質をえぐりだした論はすくない。たとえば王朝の恋物語の典型である『源氏物語』にえがかれた光源氏の「いろごのみ」がはたして「愛」の名にふさわしいのかというと疑問である。藤壺に禁じられた恋ごころをいだき、その面影をもとめて紫の上を「愛した」がそれ以外はつまみぐいであり、ゆきずりの浮気であって、「愛」ではない。紫の上に対しても、源氏の愛情はながくはつづかない。明石にたいしてもむしろ冷淡だった。女性遍歴をつづけ、どの相手とも本当の愛は見出せなかったと思われる。例外的に愛した紫の上の死にあたってのみ、共に死のうとか、出家したいという思いを見せたが、物語からは消え去る。

『とはずがたり』にえがかれた情事のかずかずを作者二条の「恋愛遍歴」というが、はたしてそれらが「恋愛」とよぶものであったかどうか疑問である。最初に四歳のときから後深草院にひきとられ、のち寵をうけるが、どちらにも「愛」はなかっただろう。「雪の曙」との関係も行き違いがおおかった。「有明の月」には無理矢理、関係をもたれた。ほかの男にも法王がすすめて関係をもたされたりした。

「恋愛遍歴」というなら、和泉式部こそ「恋多き女」の典型だろうが、その生涯は幸せではなかった。小町とも同じで、むしろ遍歴といっても老いさらばえて、諸国を流浪するという意味での遍歴の感もある。その『和泉式部日記』は日記というよりは「物語」であり、俊成の手になるものかともいうが、恋の書とも、愛の物語ともみえない。恋の情念は例の「沢のほたる」にこそあやしく乱れる思いがこめられているものの、とくにだれにむけての思いということもなく、つねにだれかに抱かれることを願っていた「恋多き女」の思いで、これこそまさしく「排他的に一人の対象にのみそそがれるエロス」ではなく、相手はだれでもいい、恒常的な恋情とも思われる。

『浜松中納言物語』、或いは『豊穣の海』（三島）では、転生した女をもとめる愛が描かれる。転生ではなくとも、恋人のおもかげをその娘にもとめるといったことはいたるところにみられる。インド神話では天上の神々が地上の男女に転生し、天ではじまった愛を地上でつづけたりする。

佐伯順子は『愛と性の文化史』で、江戸の「色事」と明治以降の「恋愛」を区別する。江戸時代には「恋愛」という概念がなかった。こいしいとか、すきだとか、ほれたというのはあり、つまり「恋」はあったが、「愛」ではなかった。

愛のほうも「夫婦愛」「家族愛」といった概念は明治以降である（同書、および飛田良文『明治生まれの日本語』二〇〇二年）。

いろごのみは夫婦関係外のものであり、兼好法師も「妻というものこそ、おのこの持つまじきもの」としている。

江戸以前の文学ではお伽草紙に恋と結婚の賛美があると佐伯はいう。これは口承文芸としての昔話のハッピーエンドの必然性によるものであり、また貴族社会とちがって、恋愛遍歴や一夫多妻が許されない庶民階級の風俗をうつしたものだからでもある。

佐伯は心中ものなどについて、エロスとタナトスの神話化といったいいかたをしている。エロスとは愛なのか、性なのか、タナトスとは死なのか、破壊なのか判然としない。精神分析ではエロスはむしろ「生」である。

ノーマン・ブラウンの『エロスとタナトス』はこの二つを精神分析の理論にとどめず、経済学にまでひろげているが、一般には文明論、あるいは文化人類学の儀礼解釈などにつかわれる。文学研究でもよく使われるが、愛と死という文学における最大のテーマを「エロスとタナトス」でいいかえると話が混乱する。アルトーではないが、社会から圧殺された自殺者の死があり、エロスの衝動とひとつになった死の衝動がある。エロスを社会的規範から解放するとタナトスの方向になる。もうひとつギリシア神話ではエロスの神話はあっても、タナトスの神話はない。

後追い心中の例として佐伯があげた『平家物語』の小宰相と通盛にしても、愛をつらぬくためにあとを追ったのかどうか、断定はできない。敗軍の将の遺族として生き長らえることの苦しさをおもったか、いずれ捕らえられて一族郎党そろって処刑されるだろうとみきわめたか、さだかではないが、『平家物語』では、妻のもとににげかえってきた男などもいたとされ、公家的な情感が感じられる。

それ以前の王朝の物語でも谷崎は『少将滋幹の母』で母恋の心を見事に描き出す。『夢の浮橋』『蘆刈』でも同じテーマをときに夢幻的にも描く。『痴人の愛』『卍』なども含め、近代の日本文学で本当の愛を物語ったのは川端ではなく、谷崎だった。少将滋幹のそれは「愛」ではなく、母恋であり、少将には世間並みの色恋沙汰もあったろうし、結婚もしていたかもしれない。そこにも「愛」があったかどうかわからない。母恋だけが彼の恋だったかもしれない。『吉野葛』では母恋が異性への恋に続いてゆく。

古今東西の愛の文学の代表ともいわれる『ぽるとがる文』『エロイーズの手紙』も、「愛」よりは「恋情」や執着の口説きとみられる。むしろ愛からも、幸せからもへだてられていたひとりの女のこころに純愛の炎がもえていた（『婉という女』）。

d 愛の習俗

豊饒神が植物霊の死と再生をあらわすのはいわば当然として、ヨーロッパでは愛の神を特に名ざさなくとも、恋人は恋するものとあうときにはバラ一輪などをもってゆく。これがかならず奇数でなければならないなどというのは、文化的習慣で、神話的には説明できないが、なぜ花なのかといえば、植物霊の象徴である。恋をうちあける前のおくりものとしては食べ物や、宝石などは本来忌避される。近年のバレンタインなどというのはとくに日本では商業的にでっちあげられたもので、トンカツやコロッケと同じような偽洋風風俗である。イギリスでは二十世紀初頭からチョコレート屋がこの日に男女ともにプレゼントする習慣をつくりあげようとしたというが、フランスなどではそれを奇異なことみなしていた。近年の日本の、チョコレートを女性から男性におくる風習はアジアの奇祭風習として紹介される。聖ヴァレンティヌスは単なる殉教者だったが、ヨーロッパでは、その日は、結婚前の娘たちと青年たちが一種のかくれんぼをする日になった。娘が藪のなかなどに隠れているのを青年が見つけて、接吻したり、あるいは村一番の美女選びになったりした。これはローマの二月十五日のルペルカリア祭の変化といわれる。ルペルカリア祭では羊の皮の鞭をもった裸の青年が女性をおいかけまわして、その皮の鞭でたたくと、女性には子だからがめぐまれるとされた。これも奇祭だったが、名前からして、狼祭りの色彩があり、ロムルスとレムスを養った牝狼の巣とされた洞穴で山羊ないし羊の犠牲が狼神に捧げられ、その皮を細くはいで、青年たちがそれをもって市内へ走っていったという。愛の祭りではないが、ローマの「養い親」にちなむ豊饒祭であった。それが、ヨーロッパ中世では、「おおかみ」とよばれる青年たちが森の中にかくれた娘たちをさがしだす祭りになったと思われる。このころはちょうど謝肉祭の季節でもあり、山の村などでは「牛の女王」をえらぶ牛祭りが行われた。パリでは肉屋組合がとりわけみごとな肥育した牛を花束などでかざって練り歩いた。ブフ・グラ、ふとった牛という名前の祭りだが、本来は山の村の牛の女王祭りのほうが古いだろう。これと同じく、ふもとの村では森のなかで、花の女王をえらんだのである。森の藪のなかにひそんだ娘たちはもちろん、森の植物霊を身につけたのである。青年たちは一番の美女をさがしだして、行列をくんで練り歩いた。女王に捧げられる花は春にさきがけて森の木陰にさく黄水仙である。これは復活祭でロスメルダを熊がおいかける祭りと連動していたに違いない。娘たちがまず森にこもって森の霊を身につける。そのなかの一番の娘がその年の花の女王、すなわちロスメルダとなり、一カ月後の復活祭の日に熊に襲われることになる。このころ、枝の日曜には、娘たちが森の木の枝をもって行進する。さらに一ヶ月後の五月祭で、花束祭りの練り行列の山車にのるのがこの二月から選ばれている花の女王である。この五月祭は一日の祭りで幕をあけた。この日の前夜、青年たちはふたたび森へいって、若木を抜いたり、枝を切ったりしてくる。それを目当ての娘のいる家のドアに夜中に打ち付けてくる。村一番の娘の家にはいっぱい緑の枝がうちつけられる。この風俗はサンドが『笛師の群れ』で描いている。最近は前日に森へいっても、木の枝や若木のかわりにすずらんを摘んでくる。これが「幸せをもたらす」五月の花だが、本来は花の女王に捧げる花束である。メイポールというのはどちらかというとアングロサクソンの風習で、フランスでは「五月の木」といい、五月の女神でローマの大地母神マイアをたたえる豊饒祭とする。この日はまたワルプルギスの夜でもあり、盛大な火祭りになるところもある。ブルケルトもこれを「装飾された木を運ぶ」(『ギリシャの神話と儀礼』200頁)儀礼とし、そのあと山上で燃したという。アティス祭では松の木でアティスの死と再生をあらわした。このあと花束祭りの行列がくりだすところでは、むかしは牛が山車をひいた。その牛も二月の牛の女王だったのではないかと思われる。この祭りの「木」はかならずしも「柱」ではないが、それでも広場に柱をたてたときは、そのてっぺんに鳥のかざりものをつけ、射手組合の男たちが弓でそれを射落とす競技をする。みごと射落としたものがもちろん「弓の王」になり、花の女王と山車のうえで腕をくんで練り歩く。ネルヴァルの『シルヴィ』がこの「花束祭り」を描いているのは周知のとおりである(『火の娘たち』)。これを「メイポール」と呼んでいるところでは「柱たて祭り」であり、ワルプルギス祭というところでは山の火祭りであり、「アティス祭」というときには松の木をアティスに見立てた、女神に捧げる愛と再生の祭りである。花束祭り、弓の祭り、すずらん祭などさまざまに変化する。すべてが柱ではなく、さらにすべてが「世界樹」ではない。むしろ五月という季節の復活と愛の祭りである。

六月ユノの月は婚礼の月で、二月の花の女王と五月の弓の王、あるいは、その眷族一同が、ユノをたたえて婚礼を挙げる。キリスト教では二月二日が聖母おきよめの日で、五月はマリアの月である。マイア（五月の女神）とマリアが同一視され、二月から五月まで植物霊の復活が祝われる。

3 愛と、愛にそむくもの

貧しさも、戦争の災禍も、身体的な障害も愛をさまたげるものではない。愛にそむくものは、むしろみちたりた生活であり、外見的な幸せであり、あるいは自由であろう。人と人は言葉が通じるだけに、つまらないことでもいさかいをし、いわなくともいい言葉で相手をきずつける。犬と人だって、言葉は通じるが、それより、じっと眼と眼をみつめあっているだけで、こころが通じ合う。

a 愛と暴力

豊饒の女神は死の女神でもある。しかし、それはおおむね巨大な体躯の大母神、大地母神で、愛の女神はその娘である若い乙女がおおい。もっとも母神デメテルの娘は冥界の女神になった。そうではない場合でも、美の女神アプロディテには戦闘神の性格がある。美しい乙女が、舌なめずりをしていいよる男を投げ飛ばし、睾丸をけり上げ、ブリュンヒルデのように相手を縛りあげて壁の釘につるしたりする。「彼女は自分を屈服させせない男には決して身を委せない」（『エロスの系譜』78頁）。たんに可憐な乙女の自己防衛ではなく、ときにサディスティックに求婚者をもてあそぶ。美しい女性の特権である。美しい薔薇には刺があるともいう。女戦士アマゾン族の女王ペンテシレーアも幾人の男を殺したかわからない。最後はアキレスに殺されたが、死のまぎわにその美しい顔でアキレスの心をうばった。「諸国諸大名は弓矢で殺す。糸屋の娘は目で殺す」。イランの要塞・白城には男勝りの女戦士がいて、ロスタムの息子ソフラーブを翻弄した（『王書』）。女戦士、決闘で打ち負かされなければ身を任せない女、困難な試練をつぎつぎに課す高慢な女、強姦されてはじめていうことをきく女など、神話でも昔話でも例は数多い。ギリシア神話ではアタランテである。山野に捨てられたが、山の野獣にそだてられ、狩りの名手となり、ちかよるケンタウロスらを射殺した。獰猛な処女である。俊足をほこり、求婚者と競争して負けた相手を殺した。最後はアプロディテの援助を受けたヒッポメネスに負けたが、ふたりでアプロディテ（あるいはゼウス）の神殿で交わり、神の怒りをかってライオンになった。エジプトのセクメトのような「恐ろしい牝ライオン」となった。神話時代の自立した女たちは、知力でも体力でも男たちにまさるとも劣らなかった。さらにそこには美貌という武器がくわわった。あるいは性器を露出して男を撃退する女もいた。

そんな女を手にいれるには肉弾相撃つ格闘で相手を制圧し、衣をはぎとってゆかなければならないが、ちょっと油断をすれば、かみつかれ、ひっかかれる。しかしあい戦ううちに双方とももえあがってきて、殺し合いがいつか愛の戯れにかわってゆく。

フランスの中世説話『ギンガモール』では、森の泉で水浴をしていた妖精を、騎士がむりやり手込めにする。妖精は事後、やさしい接吻で感謝をしめす。日本でも熊野比丘尼を山のなかで山伏が犯したとき、比丘尼は「またかかる目にあわんことを」願う。「獰猛な処女」の中には「冷たい女」、性に冷淡な女もいるが、逆に性的に相手を支配することを求める戦う女もいる。

性交は戦いにたとえられる。花嫁花婿でも処女を奪うときは暴力的になる。そこから、「血まみれの婚礼」という昔話のテーマもでてくる。メリメの小説『ロキス』もそのひとつである。そこでは花婿が熊男だったが、多くは、初夜に女によって食い殺される。ワギナ・デンタタ（歯のはえた女陰）の神話も世界中にひろまっている。

b 死の女神アプロディテ

クレタではアプロディテ・スコテイア（暗闇のアプロディテ）と呼ばれ、スピアイではメライニス（黒の）、デルポイではエピチュンピア（墓の）、と呼ばれた（グリグスン『愛の女神』273頁）。アプロディテはオリエントのアスタルテ、そしてイシュタールだった。地獄へくだった女神である。死と戦いの女神だった。ギリシアやローマで軍神アレス、あるいはマルスと一緒になる前から、彼女本来が戦いの女神だったのである。もちろんオリエントの大母神は「動物たちの主」（ポトニア・テロン）であり、両手に獅子をわしづかみにしたり、左右に獅子を従えたりしてあらわされる「恐ろしい女神」である。エジプトでは人間どもを皆殺しにする血に飢えたライオンだった。その「恐ろしい女神」が美と愛の女神ウェヌスになるのはローマの退廃文芸の世界で、ローマで本来一家の実権を握っていた女主マトローナ信仰とは一線を画していた。ギリシアでも本物の大地母神ガイアは天空のゼウスをほろぼすべく暴風の怪物チューポンを生みだして送り出す存在で、やさしい美の女神などという様相はまったくない。世界的に大母神は冥界を支配し、死と再生を司る恐ろしい存在である。穀物の母としても、種が芽を出して実りをもたらすには、いったん死ななければならないのであり、まず、女神は死を司ったのである。

c 愛の戦い

イタリア・ルネサンスの「哲学小説」、フランチェスコ・コロンナの『夢の中の愛の戦い』(あるいは『ポリュフィルスの夢』)では愛となにが戦うのだろうか。最初は相手の気持ちである。つぎは宗教である。相手は男女愛を禁ずるディアナ教に入信する。やがてそれは死、ないしは地上的条件との戦いになる。最後は天上で結ばれる。戦いは試練ともみられる。あるいは地上的存在を脱却するためのプロセスでもあろう。戦いをしながら愛の神ウェヌスの聖地へ、巡礼をする。その間、恋人同士は会ったり別れたりを繰り返す。そして聖地から天上へのぼったときに永遠に結ばれる。最初のうち、ポリュフィルスが執拗に求めたポーリアはその追求を逃れようとしていた。また、ディアナに身を捧げたときは、ポリュフィルスとの密会をとがめられて、さんざん打擲される。しかし次第にポリュフィルスの愛に応えるようになる。ふたりは地上の生を乗り越えて、天上で結ばれる。『夢の中の愛の戦い』は、愛が地上の絆を脱するための戦いだった。ただし、すべては夢の中で進行する。夢の中の愛である。しかしその夢が恋人たちふたりによって共有されていた夢か、いやそもそも、ポーリアが彼、ポリュフィルスのことを思っていたかは読者にはしらされない。すべて、ポリュフィルスの夢なのである。

d ポテパルの妻

王の後妻としてむかえられた若い女は先妻の息子をみて、老いたる王よりこちらのほうが数倍も好ましいと思う。パイドラは先妻の子ヒッポリュトスへの愛に燃えあがった。これを禁じられた親子の愛とみる社会もある。ギリシアはそうだった。それにとにかくパイドラには夫がいる。その夫の息子を愛するなどもってのほかである。ヒッポリュトスはそもそも処女女神アルテミスに忠誠をちかう女嫌いの美青年である。パイドラにくどかれた青年は女を冷たく突き放す。そうなったら、女にとってできることはただひとつ、義理の息子に道ならぬ恋をいだかれ、無理無体に迫られたと訴えるのである。これは世界最初の物語とされるエジプトの「二人兄弟」の話であり、聖書では「ポテパルの妻」と呼ばれる。ポテパルの妻は王につかえるヘブライの青年、ヨセフを好ましいものと思い、あるとき、甘い言葉をささやいた。青年は恩義ある主君を裏切ることはできないと、女を突き放したが、女は青年のマントをしっかりとつかんでいた。青年はマントをその場にのこして逃げ去った。女はマントをしめしながら、青年のことを讒言した。

エジプトの「二人兄弟」の話では、弟が兄嫁に言い寄られ、それをしりぞけると讒言をされた。フランス中世の説話、マリ・ド・フランスの手になる「ランヴァル」のレでは、宮廷の騎士ランヴァルの颯爽たる武者振りが王妃の目にとまった。しかし堅物のランヴァルは王妃をたしなめる。王妃はもちろん、王に訴える。あのランヴァルがこれこれのことを、と。王は怒り、ランヴァルを殺そうとする。ランヴァルは彼に本当の愛をおしえてくれた妖精を呼び出して、彼の潔白を証明してもらおうとする。それだけは、してはならない約束だった。妖精はランヴァル以外の人間の前に引き出されることは断じてゆるさなかった。しかし、そうしなかったら死刑をまぬかれない。自分には王妃より美しい恋人がいて、その恋人以外の女性に、王妃たりといえども目を掛けたことも、心を迷わせたこともないということを、それ以外にどうやって証明するのか。約束を破っていることをしりながら、ランヴァルは妖精を呼んだ。妖精はやってきて、きびしくランヴァルを叱責した。王はその美しさをみて心をうたれた。宮廷の廷臣一同、ランヴァルの潔白をみとめた。そうとみた妖精は乗ってきた白馬の向きをかえて、一散に妖精の世界へ戻ってゆく。ランヴァルはその白馬の背に飛び乗って、妖精をのがすものかと抱きしめた。ふたりは水のかなたへ去って、二度と人の前にあらわれなかった。

第Ⅴ章　不幸な愛

愛のために死ねるか、という問いは、死ぬよりほかどうしようもなくなったものには、なんと空疎な問いだろう。どんなに愛してもわかってもらえないとき、唯一の手だてとして、みずからを犠牲にする、あるいは、持っているものをすべて投げ出すことがある。そのとき、その犠牲は不幸だろうか、それとも、愛する者のために、すべてを捧げることの喜びに満たされるだろうか。

1　愛と犠牲

エロスとタナトスを等号記号でつないで、「エロス＝タナトスの神話」と、たとえば佐伯順子などがいっているのは、愛の衝動と死の衝動が同じである、あるいは、秩序、保身、社会的感覚といったものに対して、エロスは破壊的にはたらき、その点で死の衝動と同じだということと理解できる。この場合、「愛」は人類愛とか博愛ではなく、夫婦愛でも家族愛でもなく、エロスであり、性的衝動をともなうというより、性の衝動そのものである。「愛」と「死」と訳するわけにはいかない。そもそも「愛」という観念は西欧的なもので、日本では知られていなかった。それにたいして、エロスをともなわない死の衝動もある。愛欲の涸れきった老人が死をあこがれるときはそうであろう。旺盛なエロスの衝動があるときは、死の衝動のなかにもエロスが燃え上がる。断崖絶壁から身をなげて、エロスの亢奮《こうふん》をおぼえながら死ぬ。生命の器は小さく、それを溢れようとするエロスは、その亢奮において人を死にいたらしめる。炎へむかって飛んでゆく蛾のように、エロスの高揚と死とがむすびつく。ある種の感情の高まりに身をゆだねてゆくと、これ以上は危険だとおもってももう抑制がきかない。また実際、激しい性の亢奮に捉えられると、呼吸や鼓動が乱れ、意識を失う。危険な場合にはそのまま死にいたる。

そのような性愛の極致としての「死」と、この世でかなえられない愛を成就するためにともに死ぬこと、すなわち「心中」とはかならずしも同じではない。性の亢奮のうちに相手を食い殺すカマキリのように、あるいは、殺戮の血のなかにエロスの亢奮をおぼえ、やがて見境がなくなって自分も相手も殺してしまうようなときは、エロス＝タナトスの恍惚があろう。一般の心中は思いつめて、それよりほかに道がないと互いに納得して、計画をたて、冷静に実行する。それにたいして、エロスの炎にとらえられ、死んでもいいと思って、相手の腕の中にとびこみ、じっさいに死んでしまう場合はエロス＝タナトスであり、それに相当する神話はすなわちセメレーの神話である。彼女は恋人に本当の姿を見せてくれるようにたのむ。ゼウスはやむなく雷鳴とともにやってきて、彼女を焼き殺す。セメレーは愛の恍惚のなかに死ぬのである。

通俗的には、たとえばかつての映画『離愁』（シムノンの原作によるドフェールの脚本・演出、原題 **Le Train**）で、スパイ容疑でつかまった男女ふたりが対決をさせられ、はじめは互いに相手を知らないと言い張るが、ふたりは、戦争で引き裂かれていたかつての恋人同士で、ついにどうしようもない思いに突き動かされて、互いに抱き合ってしまう。ふたりのスパイの嫌疑がかたまって、銃殺されるのである。死ぬことがわかっていても、愛の思いのほうが強かった。「愛は死よりも強し」である。

『愛は死よりも強し』と訳されるモーパッサンの作品のタイトルは誤訳で「死のように強し」である。というより、「死より強いもの」で、それは「老いること」をさす。ここではエロス＝タナトスではなく、死がエロスを蚕食し、創作も恋愛もできない人間にしてゆく「年齢＝時の翁」の圧制をえがいている。エロスを蝕むアンテロスはすなわち「時」だった。「時」と「エロス」、あるいは「時」と「愛」という絵（プッサン）が思い浮かぶ。ロンサールの歌う、遅すぎないうちに、今のうちに人生の薔薇をつもうという誘いは、愛にとって最大の敵が年であることをしめしている。もっとも「秋」では、同じロンサールも晩年の落ち着いた愛を賛美しているが、いずれにしても、年齢が大きなテーマになっていた。ブロンズィーノの描く《愛のアレゴリー（快楽と欺瞞）》（180頁）は「時」によって愛の欺瞞性が隠蔽されようとすることを示している。最初は愛のない結びつきも時を経るにつれ、本当の愛になってゆくということもあろう。衝動としてのエロスと精神の愛をそだててゆく「時」や「経験」が拮抗して人生を織りなしてゆくともいえるのである。

「愛のために死ぬ」のが、自分の愛のためではなく、相手への愛によって、相手を生かせるために死ぬことがある。男の立身出世の妨げになると悟って、身を引く、あるいは身を引くだけでは満足できずに毒を飲む、そのような話はいくらでもある。

愛のために命を投げ出すのは朱雀門の狐（『今昔物語集』）である。この物語では初めて会った、行きずりの男のために狐がそこまで献身する気持ちがわからないが、神話的にいえば、どちらかが命を捨てなければならないときに自分の命を差し出すという最大の犠牲、文字通りの献身が考えられる。それは教えのために命を投げ出した殉教者と同じであろう。狐は死霊で、冥界の王に命令されて、人間の魂をさらいにきている。彼女とちぎれば、死ななければならない。彼女の身体にはいってゆくことが、死の列車に乗り込む改札口を通ることになるのだ。それがわかっているから、狐が変じた女は男の誘いをかたくなにしりぞける。そのために来ているはずで、朱雀門に立っていたのは獲物をさがす以外の目的ではなかった。にもかかわらず、相手の男への惻隠の情がそくそくとおしよせる。あるいは一目会ったときから、男に惚れてしまったのかもしれない。相手を死なせないために、断っていた誘いをしかし、断りきれずに、やむなく同意して、しかしかわりに自分が死ぬことにする。実は最初から死霊なので、彼女にとっては死ぬことはなんでもないはずだが、そういってしまっては身も蓋もない。ここは、彼女がおおいなる犠牲として身を捧げて、身代わりになって死んだと理解しよう。

「愛とは犠牲である」とオクタヴィオ・パスはいう（『二重の炎』）。

a『春琴抄』

「愛するもののために死ねるか」という問いは、谷崎潤一郎の『春琴抄』を読んでも思い出される。

佐助は愛するもののために目をつぶした。サディスティックな春琴にひたすら隷従する佐助の関係は、西洋的にいえば「愛」ではない。しかし彼は愛する女のために、目をついて盲目となった。最大の犠牲を捧げたのだ。女のほうでは、それまでは、おとなしい佐助を引きずり回して喜んでいただけだったろうが、佐助にとっては真剣だった。女の美しい顔に熱湯をそそいで、やけどをさせたのが、佐助自身だという解釈もある。彼にとってもっとも大切だったものが、女主人の美しい顔だったとしたら、彼の犠牲は完璧だったことになる。

これを「愛のためだったら何でもする」ことの例だとみれば、恋する男と会うために江戸の町に火をつけた八百屋お七のおろかさとかわりない。愛のために、自分の所有するものをすべて投げ出すという犠牲と、愛にめしいて、自分のものではないものまで火に投ずる愚行とは、どうやって分けられるのだろう。ひとつは本当の愛があるかどうか、そしてもうひとつは、自分のもっているもっとも大切なものをその愛のために捧げるかどうかであろう。犠牲は、それに値しないものに捧げられても、本当の犠牲ではない。

愛のために弟を殺すことをためらわないメデイア、それも「愛」とはいわない。メデイアは黒海の東岸のコルキスの王女である。そこには金羊毛があり、竜が番をしている。イアソンはその金羊毛を取るべく、メデイアを誘惑する。メデイアは父王にそむいて、金羊毛をイアソンに与え、ともに逃げる。逃げる途中、おいかけてきた父の船をふりきるために、一緒につれてきた弟を殺して切り刻み、それを船のうしろへまいた。父がそれを拾っているあいだにイアソンとメデイアは船を走らせ、アテネに着く。しかし、イアソンはメデイアを利用しただけで、アテネに着くと、メデイアを捨ててほかの王女と結婚する。メデイアだってイアソンを利用してギリシアの地に行ったのだ。そのイアソンのもとを逃れるときは、彼とのあいだに出来た子供を殺した。弟も子供もイアソンもすべて彼女にとっては手段でしかない。アリアドネもテセウスの手引きをしてミノタウロスを殺し、ともに父王のもとを逃れるのだが、テセウスはアリアドネをナクソス島でおきざりにした。アイネイアースはトロイからローマへ帰る途中、カルタゴで、そこの女王ディドと懇ろになったが、彼女にいいよったのは、方便で、帰国の準備がととのえば、ディドをふりきって船出する。捨てられたディドは火葬台の上でみずから剣をさして自殺する。エキドナがヘラクレスと交わったのも、強い子を得て、スキタイの地の始祖とするためで、愛とは無関係だった。彼女たちには犠牲といっても、自己犠牲は問題外だった。

ただ、愛のためにすべてを犠牲にするとき、親も兄弟も子も、財産も地位も名誉も、あるいは視力も腕や脚も性器も、そして生命も差し出すとすれば、もっとも大きな犠牲をはらったものが、もっとも大きな愛を全うしたものだということができるかもしれない。

大女神キュベレを愛するアティスは女神のために性器を切り取って捧げるのである。宗教的亢奮のなかで、前後の見境なくともいうが、また、それが最大の犠牲であると知って、それを捧げたともいえる。

世の中の地位や財産にしがみついていれば 本当の愛は逃れてゆく。愛は犠牲を求めるのである。犠牲の本義は神を祀るのに、大事なものを捧げることである。稲作文化では初穂であり、肉食文化では羊や牛だった。牛一頭を犠牲にするというのは、今でいえば、自動車一台をつぶすようなもので、何百万円という値段である。東南アジアからオセアニアでは豚の犠牲が多いが、大きな祭りだと一度に数十頭を犠牲にする。豚でも中古自動車くらいの値段である。流通市場の発達していない地域では値段はあってないがごときだろうが、豚一頭やっと飼っている農家も多く、神を祀るのにその一頭を犠牲にするというのは大変なことである。しかし、神を祀るのにもったいないといって鶏くらいでごまかしてすむものではないし、その場合はそれに見合った見返りしか期待できない。神を祀るには金額も、明日からの生活も一切、頭から追い払って、持っているものをすべて捧げるのである。犠牲は大事にしているものであればあるほど効果がある。痛みをともなわない犠牲では犠牲にならない。最大の犠牲は人身御供だった。愛においても、すべての物質的、社会的顧慮を捨てて、一番大事にしているものを犠牲にする。何もなければ、自分の命を捧げるのである。

そのとき、命をもって犠牲にした愛とはなんだろう。性的対象を所有したいという欲望、肉欲、所有欲ではない。犠牲に払う代金などを顧慮しない以上に、それによって物質的にむくわれることも求めないのである。みずからの命を犠牲にしたときに、物欲、性欲が生じる余地はないが、たんに全財産をなげだしたような犠牲であっても、求めるものは、相手の幸せであり、犠牲を捧げるものは感謝すら求めない。アティスが男根を切りとってもキュベレがそれを感謝するわけがない。佐助が目を突いても、それによって春琴が得るものは、すくなくとも物質的には皆無であろう。であればこそ無償の犠牲が成り立つのである。そのさい、その犠牲を捧げられたのは神なのである。春琴がサディスティックに佐助をいじめているなどとみたのは間違いだった。ほかのものにはサディスティックでも、佐助にとっては神であり、絶対だった。だからこそ、佐助は嬉々として自己犠牲にふみきったのである。

かかる「愛」の形がある。一見、愛とはなんの関係もなさそうな犠牲がいっそう高める神の愛である。朱雀門の狐がその死によって呼び起こした感情も宗教的なものである。「死に至る愛」ではない。ましてや「死によって中断される愛」でもない。「死＝犠牲」によって高められる無償の愛である。

b『いま日は海に』——無償の愛

曽野綾子に『いま日は海に』という作品がある。江田島の兵学校を出た海軍士官にあこがれた少女が、その後、復員してきた青年にあうが、ちょっとした行き違いから青年は隣の家の娘と結婚する。娘はむしろ、犠牲となって身をひくのである。しかし、娘は実際には青年に執着し、彼が飛行機の教習をうける費用を捻出するためにもなろうかというだけの思いで、事業家の嫁になり、しかし、青年との密会が露見してそこを追い出されたあとは、その彼の家に手伝いとしてはいり、病気で寝たきりの主婦に毒づかれながら献身的につくす。一家の生活費を工面するために、八百屋で手伝いをしながら、病人の看護も、一家の炊事、洗濯、掃除も、おさない子供の世話もして、夜は玄関わきの三畳間にその子供と抱き合って寝ながら、夫婦のむつみあう気配に耳をすましている。経済的にも、労働力としても、さらには男のすさんでゆく心の支えとまで一家の支えとなって、ただ、そこにいさせてもらうだけでいいという「無償の愛」に生きているその生きざまを描いた作品だが、そのような状態がいつまで続くのかというと、寝たきりの女が死ぬまでかもしれず、あるいは、彼が離縁に必要な慰謝料をためるまでかもしれないが、そのことは決して意識に上らせない。しかし、もちろん、心の隅ではあと何年か、何日かと、指折り数えているのである。だからこそ、彼が乗っていた飛行機が事故で火の玉になって太平洋の藻屑と化したときけ、それを聞いて、気を失ってへたりこむ。せっかくここまで我慢して耐えてきたのにとは言いはしないし、思いもしない。自らは意識していなくとも、いずれ病妻を離縁させて、そのあとがまにすわるつもりだった。「無償」どころではなく、冷酷な計算に裏打ちされた生き方だった。しかし、意識としてはつねに、お膳立てされた状況でお膳立てされた役割を演じているつもりで、事業家の妻としても、病気の妻の妹のような役としても、あるいは一時身をよせていた富士のふもとの修道院でも、すすんで汚れ役やつらい仕事を無報酬でひきうけていた。その「無償」の善意がいつか報われるときがあると、意識せずに期待していたはずであり、それまでは、損ばかりしているようで、実は一番得をしていた。「無償」でいいと言って、ただ働きをすることが幸せをもたらすのが世の中の摂理であり、しかし気がついてみれば、報いをいまかいまかと待っていた。

この作品を「無償の愛」の物語と呼ぶことは、作者のしかけた陥穽にはまることだった。緻密に準備された無償の愛が最後にくつがえされる物語である。そんなにうまい具合に世の中はいかないのだと、皮肉な作者が突き放すのである。それでも、そのヒロインの生きざまはなにも求めない「無償」の愛を貫いたようにみえる。仮面でも、偽りでも「無償」の愛をかかげて生きる、一見おろかにみえる女のしたたかさを、すべてを準備する超越者が突き放したのだ。

c 青春のさすらい

愛するもののために身を引く男女の話ならいくらでもある。『クレーヴの奥方』でも結局は待ちのぞんだ幸せから身を引き離して、修道院へ引きこもるのである。しかし、フランスの「青春文学」の傑作と言われるアラン＝フルニエの『グラン・モーヌ（青春のさすらい）』（一九一三年）が、ひたすら愛の成就や家庭の幸せを避けながら、さまよう青年たちを描いていることには、恋がすべてというフランスの小説にしてはとも思われる。いや、『シルヴィ』（ネルヴァル）でも、幸せから逃げようとする心を描いている。自分は幸せにはふさわしくないというのである。フロイトは、それを「成功をまえにして尻ごみするコンプレックス」と呼んだ。

『グラン・モーヌ』の青年たちは、みな、愛の幻を追いながら、それに手が届きそうになると、みずから障害をつくりだしてそこから身を遠ざけ、逃げだし、あるいは自分を犠牲にして、ライバルに彼の理想の女性をゆずってしまう。女はつねに待っている。青年はつねに逃げている。そのうち、女は待ちくたびれて死ぬ。そのときになって、死体を抱きかかえて葬儀のために階段をおりながら、女の髪が顔にかかると泣きそうになったりする。女たちもまた「逃げる女」だった。物語の最初、森の中の城館の婚礼に迷い込んだ青年はそこで生涯の理想の女性であるイヴォンヌに出会うのだが、婚礼のほうは花嫁が行方不明になったために行われなかった。パリのお針子の娘は、城の主である貴族の青年のプロポーズにいっとき我を忘れたものの、しばらくたって考えてみれば、生い立ちも生活も教養もまるで違う世界で、とても自分などに暮らしていける世界ではないと悟って行方をくらましたのだ。モーヌもまた、やっとつかんだ「幸福から逃げ出さなければならなかった」。モーヌがあてもない放浪に出奔したあとで、新妻のイヴォンヌは死ぬ。モーヌの行方はしれない。「だれが逃げ出したい誘惑に抵抗できるだろう」とは、そのイヴォンヌのせりふだった。この作品のなかでは、どこにあるともしれない「幸せ」をさがしながらあてもなくさまよう青年男女のすべてが、幸福をつかみかけるたびに、その「幸せ」の恐ろしい光にはじきとばされるように、身を隠し、闇のなかへ消えてゆく。いや、彼らのさがしている「絶対」はそこにはなく、いつわりの「幸せ」はその絶対の探求から目をそらさせるものでしかないとでもいうかのようである。

かつて聖杯をさがしてさすらっていた騎士たちがそうだった。聖杯の城に近づくたびに、なにがしかの理由をつけてはそこから遠ざかっていた。それが目指す城だと言われても、いや、自分たちがあれほど必死にさがしていたものがそんなところにあるはずはないといって、馬の首をめぐらせる。たどりつくことより、あてどなくさまようことのほうが彼らの目的であり、目的地へつくことは、彼らにとって死刑の宣告にも近いものだった。ペルスヴァルはしらずに城へついた。そして聖杯がまばゆい光につつまれて目の前を通るのを見た。しかし、その究極の瞬間に彼はするべき問いを発することができなかった。聖杯は消え去ってゆく。機会は永遠に失われる。しかし、それでいいのだ。そんなことで、彼らの目的が達せられてしまったら、それまで必死にさがしもとめてきたことの意味がなくなってしまう。昔話で、竜を退治して、王女を救った青年は、そのまま、王女をつれて王宮へ行って王女との結婚をゆるしてもらうかわりに、まだすることがあるといって冒険の旅を続ける。理想の相手とついに一緒になることができるようになって、婚礼の日取りも決めたあとで、急に恐ろしくなってすべてを捨ててしまう。もっとさがしてみたい。あるいは、そんな幸せに自分はふさわしくない。理由はなんとでもつけられる。とにかく、ゆきついてしまうことが恐ろしいのだ。だれかが、その栄冠を横取りしようとする。これさいわいと、それをゆずってしまう。「犠牲」ではなく、「逃亡」なのだ。愛においても、それを獲得しようとする気持ちが強ければ強いほど、「成功を目前にした退却」の衝動も強くなる。場合によっては「初夜恐怖症」ともいう。婚礼の日の破談はめずらしくはない。破談にいたらない場合も、はたして本当にこれでいいのだろうか、もっとさがしてみるべきではなかったろうかといった疑いは婚礼の式場でも互いの脳裏をふっとよぎることがある、あるいは、それどころか、その日の前から、そんな考えがとりついて夜も眠れない。そして最後に、やめだ、とさけんで結婚式場からウエディングドレスのまま逃げ出したり、あるいは十階の窓から外へ飛び降りたりする。でなければ、しょうがない、自分の人生の分け前はこんなところだとあきらめる。だれもがもっと華やかなもの、もっとすばらしいものを夢想していた。そして、それに比べてはるかにつまらない現実を、こんなものだとあきらめて引き受ける。「愛とは犠牲である」あるいは「人生は妥協である」。

2 呪われた愛

愛は苦しみであるということはわかっていても、こんなに苦しいものだったとは知らなかったとだれもが思うだろう。人間として生まれたものの背負ってゆく不幸の宿命だろうか。生きてゆくということ、人を愛するということ、そのものが苦しいのだ。アベラルドゥスは、愛欲の器官を切り取られて煩悩から逃れたと思った。事実は一層、愛につきまとわれることになった。純粋な愛でありながら、愛することが相手を不幸にする愛がある。どんなに愛しても愛せない状況もある。ある種の疾患をかかえたものが、たとえば塩をとることを禁じられるように、愛を禁じられることもある。禁じられれば禁じられるほど愛の炎は燃え上がる。

a ウラノスの系譜

不幸な結合の例としてはウラノスの去勢の神話がある。大地女神ガイアとしっかりと抱き合っていた天空神ウラノスは息子のクロノスによって男根を切られ、天空の高みに追いやられた。オセアニアのランギも愛する妻との抱擁を隔てられ、天空へ押し上げられた。エジプトの大地神ゲブは妻である天空神ヌートと引きさかれても。空へむかって男根を屹立させるが、ウラノスには、ガイアの膣をめがけて男根をふりたてようにも、もはやそれはないのである。そこで彼はなにもしない「閑な神」になったというが、閑なのではなく、なにもできない不能の神なのである。

人間の愛が神話的な悲劇性を獲得した例として西欧では、まずオイディプスの悲劇がある。母子相姦の悲劇である。神々は母子であれ、兄弟であれ、いっさいの禁忌を超えていた。しかし人間にはきびしい戒律が課されていた。

アルテミスの侍女たちには男との愛が禁じられていた。その禁を破ったカリストは呪われて熊になり、実の子のアルカスに殺されそうになって大熊座になった。

女神に愛されたアティス、アドニス、そしてエンディミヨンは夭折した。あるいは永遠の眠りについた。神に愛されるということが、おおいなる喜悦であり栄光であるとともに、人間の条件を超えることだった。なかでもアティスは女神に愛を誓うために去勢して死んだ。

ローマを建てた戦士たちは、サビネの女たちを略奪して妻にした。略奪婚はハデスがプロセルピナを奪った話でも、クロノスがレアを強引に娶った話にもみられる。古代においてかなり普遍的な習慣だったろう。そうやって略奪された女たちは概して、その新しい環境に適応して、夫につくすようになる。しかしアポロンがダフネに迫ったときは、彼女は必死に逃れようとして、神に愛されるより月桂樹になるほうを選んだ。中世ヨーロッパの戦乱の時代は、敵に攻められて落城するとき、女たちはたいてい、凌辱をおそれて自害したり、神に祈って鷲鳥などに変身させられたりした。

神に禁じられた恋を捨てなかった呪われた男女が、樹木や動物に変えられてしまった話もおおい。兄弟で愛し合ったものの一緒になれないことを悲観してみずから死を選んだ話は文学ではシャトーブリアンの「ルネ」だが、神話ではかならずしも多くはない。

禁じられた愛の典型はアーサー王物語のグニエーヴル（ギニヴィア）とランスロだろう。パオロとフランチェスカはその物語を読みながら、禁じられた口づけをかわし、夫によって殺された。

禁じられているからこそ燃え上がる愛がある。

　あかねさす、紫野ゆき標野ゆき野守はみずや君がそでふる

という歌の「愛」は禁じられているからこその愛である。

愛し合っていたはずなのに相手に裏切られて、嵐の海をわたる途中、目印の明かりを消されて溺死んだヘラの話は日本にもある（丸山顕徳による「比良の八荒」をめぐる論考、ほか）。

それよりも愛のためにふたりで破滅の淵へとびこんでゆく話はたとえば『マノン・レスコー』であり、日本なら心中ものであろう。

そしてそれより「愛」の激情におそわれると正気をなくしてしまうというのは「染殿の后」の話で、これは加持僧のほうも后のほうもエロスの鬼に取り憑かれた話だが、似たような話がバルザックの『淫夢魔』である。あるいはゴーチエの『恋する死女』であり、それが下敷きにしたカゾットの『恋する

悪魔』である。ゴーチエの話のほうはロムアルドという若い僧がクラリモンドという淫婦に迷って入れあげるのだが、実は相手は百年前に死んだ名高い娼婦だった。地獄の恋である。この恋、あるいは悪魔に取り憑かれたロムアルドは、自分が今どこにいるのか、自分ははたして司祭なのか、ヴェネティアの青年貴族なのかもわからなくなる。夢と現が入れ替わるのである。

『谷間のゆり』というと恋愛小説だと思われている。たしかに舞踏会でむきだしになった女の肩におもわず口づけをした青年が一途な愛を捧げようとしたモルソーフ夫人は『谷間のゆり』だったかもしれない。しかし、夫人は死に、青年はほかの女を口説く。青年の一方的な思い込みがつつましい夫人の人生を狂わせて、不幸のなかにつきおとしてしまったことを彼はさとらない。バルザックはこれをくいちがった愛の物語として描いた。愛の感情のすれ違いの悲劇である。純愛物語ではない。夫人の娘が葬儀にやってきた青年を恐ろしい目でみる。呪いの目だ。この目にこめたバルザックの思いを、この作品を純愛物語だとおもってよむ読者は理解しない。バルザックというこの怪物的な男が涙をそそるような純愛物語を描くはずはない。

ゾラが純粋な愛に生きて、愛のために死んだ少女をたたえる小説を書いていたことはあまりしられていない。『ムーレ神父のあやまち』。愛は罪である。神父に去られた少女は花につつまれて死ぬ。

しかし恋に狂って人生をふみはずしてしまった話なら世界中にいくらでもある。女犯を禁じられた聖職者でも、バルベ＝ドールヴィイの『妻帯司祭』、あるいはルイスの『マンク』、そしてもちろんホフマンの『悪魔の妙薬』があり、倉田百三の『出家とその弟子』がある。

日本では不幸な恋に狂った主人公は、川端康成『雪国』の葉子であり、泉鏡花『日本橋』のヒロインである。男のほうが狂ったという話はあまりなく、倉田百三の主人公も結局は恋をあきらめるのだが、『今昔物語集』で染殿の后に夢中になった僧は、死後、天狗、あるいは鬼になってまで、執着した。文覚上人は袈裟御前を殺して出家した。それでも、そのために人生をあやまったというほどの激情、あるいは純粋な恋に生きたという例があまりないのは、愛のために死ぬというような「愛こそすべて」という文化ではないからか、あるいは日本人の性が淡泊なためか、小説家たちも、愛をきれいごとですまそうとする傾向があるからか、にわかには決めがたいが、あえていえば職業作家ならぬ宮廷の女性が描いた『とはずかたり』の僧、「在明の月」は、それほど露骨に色魔のようには描かれないものの、よく読めば色道に狂う悪僧で、道鏡のような怪物ともみられる。

語り口は悲劇的ではないが、坂口安吾の『桜の森の満開の下』は鈴鹿御前の再来とも目される鬼のような女にとりつかれた山賊の話で男を迷わすエロスの魔としては十分に描かれている。そしてもちろん鬼女や般若の物語は数多くある。

以上みるように、愛の物語はとりわけ、その悲劇的な様相のもとに、神話から文学にいたるまで、つねに世界中の人々の心にとりついてきた。「愛の神話」がないというのは、幸せな愛の物語をとりたてて語らないというだけで、どこでも不可能な愛を求めつつ、人はみな絶望的にあこがれ、裏切られ、真実の光などと同じく、それがついに地上ではみつからないことを知らされてきたのである。地上でみつからないものを、しかし人は神話において求めてきたはずである。

世界神話においては、愛の神エロスはかならずしも普遍的ではない。しかし愛はつねに最大のテーマであり、不可能な理想である。人は愛をあこがれながら、けっしてそれに到達できない呪いを背負っている。「愛の呪い」あるいは「呪われた愛」こそ、世界中に豊かな神話をつむいできたテーマではないだろうか。

呪われた愛の第一は「禁じられた愛」である。近親姦であり、聖職者の性であり、王の后に手を出すことである。父殺し、神殺し、王殺しに相当するものである。オイディプスの物語がそのすべての相を示している。

呪われた愛の第二は「愛の呪い」である。パンドゥ王は性交をすれば死ぬという呪いをうけていた（『マハーバーラタ』）。朱雀門の狐も交われば死ななければならなかった。トリスタンは「愛の妙薬」の呪いによって、禁じられた愛に溺れなければならなかった。あるいは「エギエットの呪い」をうけると不能になって性愛ができなかった。愛してはならないものを愛する呪い、愛すれば死ぬ呪い、愛することができない呪い、すべて愛の呪いである。

呪われた愛の第三は「地獄の愛」である。染殿の后は愛欲の鬼にとりつかれ、白日のもとで鬼と「いとみぐるしき」まぐわいをした。鬼のほうは后の美しさに迷って戒律をやぶった高僧である。不犯の掟をやぶる僧の話はルイスの『マンク』、バルザックの『淫夢魔』、バルベの『妻帯司祭』、ゾラの『ムーレ神父のあやまち』など枚挙にいとまがない。ゴーチエの『恋する死女』も女吸血鬼にとりつかれた僧の話である。僧にとっては戒律に反する「禁じられた愛」だが、その相手はたいていは地獄の鬼が変じたものである。その淫夢魔との愛が僧に「天国」の幻をみさせ、そのためにすべてを擲って火あぶりになったとき、僧の魂を地獄の霊鬼がさらいにくる。愛のためなら死んでもいいと思いつめたパオロとフランチェスカは地獄で風にもみしだかれて苦しみながら、なお堅く抱擁をしている。人は愛のために地獄へおち、なおも愛することをやめない。

b パンドゥ王の呪い

愛すれば死ぬというパンドゥ王のうけた呪いは、日本では朱雀門の狐の話だが、これは中国の死霊の話であろう。地獄の鬼が人間をさらいにくるのである。かならずしも「呪い」ではない。「殺生石」も中国では王にとりつく狐の精だが、日本に渡ってくると、話が多少かわってくる。中国の妲己はかならずしも王を取り殺すわけではない。国を乱すだけである。日本でも天皇を取り殺すところまではいかないが、那須野の殺生石になると人を殺す働きをする。日本の場合はそれよりも愛欲の権化と化した女が生霊となって人を取り殺すケースが橋姫、あるいは六条御息所である。嫉妬にとらえられた魂が遊離して、ライバルを取り殺しにゆくというのは、その生霊がライバルにとりつく前に、その悪霊が御息所などにとりついたのであり、本来は教養も高く、たしなみのある、心根のやさしい上﨟が悪霊がとりつくことによって、人を呪い殺す女に変わってしまうのだから、それは憑依現象であり、葵や夕顔にとりつくまえに御息所に悪霊がとりついているのである。それも地獄の霊がとりついたというようにはいわれもしないし、解釈もされず、ひたすら「呪い」の問題とみなされる。夕顔などにしてみれば、源氏に愛されたために死ななければならなかったのである。源氏との関係を断っていれば六条の「呪い」をうけることもなかった。『源氏物語』では濃密な近親相愛の雰囲気がありながら、その「禁忌」が機能することはなく、むしろすべての愛が呪われていて、女たちの多くは、愛するがために呪われ、愛するがゆえに死んでゆく。男の側からみれば佐伯順子のいうように「色このみ」の世界で、日本では「愛」を「色」というのだといって終わるが、女の側からいえば、いずれも不幸な愛の結果、呪われて早死にをするのである。源氏がいかにすばらしい男であっても、彼に愛されることが女たちには「呪い」となってあらわれる。これは神に愛された人間が夭折しなければならないというギリシアのアドニス、アティス、セメレーらの神人愛の宿命とも共通する。源氏は神と同じく、その光輝で女たちを取り殺すのである。そのへだたりが大きければ大きいほどその光は強い。明石の上などがその典型であり、だからこそ、彼女は源氏の愛にこたえることをためらうのである。ただし神話では数多くの女を誘惑したオホアナムチにしても、そのために女たちを取り殺しはしなかった。ヤカミヒメもそのために死んだとはいわれない。日本の神がそれほどの超越性をもっていないからともいえる。光源氏はその点、日本神話の神々以上に超人的性格をもっているといえよう。

西洋ではよく語られるのが「愛の呪い」で、心移りをした男をうらんで、捨てられた女が呪うと、男は不能におちいって、女を愛せなくなる。これは日本ではあまり聞かれない。それ以外でも性愛における不一致などの問題は日本では神話でも文学でもあまり取り上げられず、心が寄り添えばそれでよしとするところがある。相手がいない孤独な性愛の話では『今昔物語集』で旅の途中、蕪をみて性欲をおぼえて、そこに穴をあけて交わったという奇譚があるが、ギリシア神話のように、アプロディテに相手にされずにもだえたヘーパイストスがアテネを手籠めにしようとしてせまって、間に合わずに精をもらしてしまったとか、ナルト神話のように、サタナをみて情欲をおこした男が岩にむかって精液をそそぎかけ、そこからソスランが生まれたなどという孤独愛の神話も日本ではみられない。犬や蛇との性愛は語られるが、そこでもそれを禁忌として語ることは少ない。あらゆる意味で、日本では性にたいする制約や禁忌が少なく、呪いも欲求不満もなく、だれもが簡単に性欲を満たしていたともいえるだろう。
もうひとつは日本には魔法の伝統がなかったので、王女が魔法で鹿に変えられていて、王子の接吻だけがその「呪い」をとくことができたなどという話がなかったのである。

c 地獄の愛

人にとりつく愛欲の魔がおおいなる悪魔性を発揮し、人を生きたまま地獄へさらってゆくというすさまじさは日本では少ないが、染殿の后にとりついた鬼はかなりな迫力をもって描かれる。后にはじめは狐がとりついて、病気になる。高僧を呼んできて憑き物おとしの祈禱をさせたら、狐は離れたが、今度はその僧がとりついた。そしてこの世では望みがかなわないとみると、死んで鬼になって后にとりついた。后としては狐にとりつかれたのも、鬼にとりつかれたのも同じで、とりつかれやすいタイプだったのだろうが、いずれも恐ろしい霊にとりつかれて、平常心を失ったのである。僧のほうは狐をおとすのには成功したが、こんどは自分が愛欲の魔にとらえられ、自身が魔そのものになったのだが、最初、后にとりついていた狐をうまく退散しそこねたものとも思われる。后のふところから転り出た狐をとっさに袈裟などでとりおさえてどこかに封じ込めればよかった。『蛇性の婬』の坊主はその手で蛇霊を閉じ込める。こちらの僧は狐をどこかへゆくままにしてしまったのだが、実はそのとき、この僧の心のなかにこの狐が入り込んでしまったものとも思われる。狐はつねに誰かにとりついていなければならないのである。いずれにしても僧はそれ以来、愛欲の魔そのものになり、さらに死んで鬼になったときは、后にとりついて「悩乱」させるに至る。僧にいわせれば、后にとりつかれたのだ。后にいわせれば、得体のしれない霊にとりつかれた。どちらも平常心を失って人の目もかまわず婬らなことをする。

『蛇性の婬』では蛇霊が男にとりつく。死霊にとりつかれた男の話は中国の志怪小説の伝統ではいくらでもある。地獄の王が手下たち、あるいは死んだ女たちに、美しい女になって男たちを取り殺して来いと命ずるのである。何にしても彼女たちにとりつかれた男は死ななければならない。しかし甘美な性愛のうちに衰弱して死ぬので、男としては本望なのかもしれない。西洋ではこれはキリスト教的な悪魔の誘惑と解釈するまえに、空中の精霊シルフィードや、水の精霊オンディーヌらと人間との愛と解釈される。とりつかれた男がいずれ衰弱して死ぬというのは同じでも、シルフィードやオンディーヌのほうが人間の愛によって精霊の身分を脱して、死すべき人間になりきることができるという筋立てには西欧的人間中心主義が感じられる。フランス幻想文学の祖といわれるカゾットの『恋する悪魔』では、可憐な悪魔ビヨンデッタがアルヴァーレを誘惑する。ビヨンデッタは自分は空気の精のシルフィードで、悪魔につかまってそのいいなりになっているが、人間の愛をうければその束縛を脱して人間になることができるという。それはあくまでも悪魔の口上で、その本態は恐ろしい悪魔であるかもしれない。ビヨンデッタを限りなく愛しく思うときは、彼女の言い分をうのみにする。しかし、性愛のさなかに大地が割れて、地獄の悪魔たちが大挙して出てくるのをみると、「お前の付き合っている相手は悪魔だ」という司祭の説明が真らしく思える。しかしそれもまた、性愛の極致における異常感覚とみれば、相手はただ性の技巧にたけた女で、性愛のさなかに地獄ならぬ天国をみせる女であるかもしれないのである。その「天国」をうぶな青年は地獄だと誤認したかもしれない。その『恋する悪魔』をふまえたゴーチエの『恋する死女』は、百年前に死んだ高級娼婦クラリモンドが吸血鬼となって甦ってきて、うぶな青年司祭ロムアルドを誘惑する話だが、それまた相手が死霊であるというのは、青年司祭の導師である老神父の言で、じつはただの多情な女なのかもしれない。ただの女であっても、性愛のテクニックにおいて群をぬいたものは童貞司祭には想像もつかなかった恍惚をあじあわせてくれる。青年司祭がそれにのめりこんで夢中になりながら、心のどこかで、これではいけない、女は悪魔なのだと必死に思おうとしているともいえるだろう。

いずれも性愛が西洋では地獄や天国の想像につらなってゆくのであり、悪魔の思想の発端も性愛にあったところからきているのである。日本ではそれほどの性愛文化もなければ悪魔や地獄の思想もなかったというところかもしれない。

日本には「愛の神話」はないというのはある意味でただしかったかもしれない。性愛の極致に地獄が顔を出すというようなエロスの文化が日本では隠蔽され、男女とも裸にされずに、おこないすました顔をしてきた。しかし谷崎の描く『痴人の愛』のような風土も江戸の春画などの伝統には見られるのである。それは日本文化の二重性のあらわれで、日本神話も本当の日本人の痴態は隠蔽したまま、仮面の物語を構築していたのかもしれない。

馬場光子は日本の女は「待つ女」だった、それが室町のころから「走る女」になったといった(『走る女』)。ワニになってのたうちまわったトヨタマヒメ、鬼にとりつかれて、衆人環視のなかで醜態をさらけだした染殿の后、情人を追って走りながら蛇になって口から焔をふいた道成寺の女、それもまた日本の女だった。世界神話を比較していって、日本にだけ「愛の神話」がないなどというわけがないにもかかわらず、テクストにそれがあらわれないなら、それはどこかで隠蔽されているのである。

現代の文学では、しかしどんな愛でもとりあげられる。あやしい愛の呪いを書かせたら第一人者である円地文子の『賭けるもの』(一九六五)はすさまじい悪女を描ききる。家事も育児も一切しないで、ファッションショーにひっぱりだされると嬉々として水を得た魚のように身をくねらせ、おおむこうの喝采をうけると生きかえったように嫣然とほほえみ、地味なサラリーマンの夫がうろたえるのを尻目に崇拝者の金持ちの旦那と遊び歩く。亭主がなにかいいかけると猛烈なヒステリーの発作をおこして、手当たり次第に物を投げ、かみつき、ひっかき、絶叫する。それがほとんど毎日くりかえされるのである。その精神異常ともいえる女を亭主はこわれもののように大事にする。女は自殺をなんどもこころみ、そのつど、夫をうろたえさせ、同時に自分がいなかったら、この女は生きていられないのだと考えさせる。男にはどうあっても、その異常な精神の女を捨てることができない。悪魔のような女にとりつかれて、その魅力にひきずられてゆくのではなく、手を離したらまっさかさまに深淵におちてゆく女の手を必死になってつかんで、放すことができない。女はそれを承知して、とことんまで、好き勝手なことをやりながら、そのことで夫を翻弄し、さいなみ、外での鬱憤を発散させる。どうやらそれが彼女の生き甲斐である。そしてまた、それが彼女の症状である。ほっておいたらめちゃくちゃになってしまい、死んでしまう。そこで、男は自分の生活も感情もずたずたにされながら、たたかれても、ひっかかれても、唾をかけられても一緒に苦難の道を歩んでゆく。

妻であれば、離婚してもいいかもしれない。しかし子であったら、たとえそれが障害をおって生まれた子供であっても、どんなに苦しくとも手放さず、雨の日も風の日も施設への送り迎えをし、子供の暴力にも耐え、その子の世話のために自分では好きなことは何一つできず、放り出せばいいのにという周囲のおためごかしの忠告にもかたくなに耳をふさぎ、一緒に生きてゆく。それが人生なのである。妻であったら捨てればいいというのは功利的ないいかたで、子ではないから、妻はいらなくなれば捨てるというものではなく、一緒に生きることを選択したものは死ぬまで一緒に生きるのである。それがどんなに苦しくとも、それが共に生きるものへの責任であり、人間としての連帯であり、つまりは「愛」なのだ。

けっしてこれは宗教的な人類愛や、自己犠牲の物語ではない。男は、苦しみながら、慰め、癒しを求めて、やさしい女がいればそこに悩みを打ち明けにゆき、ときには、その女性と抱き合いもする。当然、それを病的に敏感になっている女房にすぐに悟られて、またヒステリーの嵐に翻弄される。しかし、一緒にゴミためのような家庭にとじこもっていれば、ますます、ふたりの緊張は高まり、どこかで息抜きをしなければ生きていけない。それでも、外でのわずかな慰安と、そのあとでの、いままでに倍加するヒステリーとを交互に繰り返しながら生きてゆく。

その、なにか気にくわないことをいえば、すぐにヒステリーをおこして絶叫し、手当たり次第に物を投げつけ、云々という女をまるで、貧乏神のように書いているところを読むと、そうまでこの哀れな女を手ひどく書かなくともいい。自分のところの女房はもっとひどいのだと思う男もいるかもしれない。

世の中はきれいごとだけではない。男と女の道は修羅である。何事もないかのように表面をつくろっている家庭でも、夜ごと、はてしない言い合いとつかみ合いが繰り返されている。それが夫婦とか家庭というものである。人生は美しいものでも、楽しいものでもない。この小説はそれを完膚無きまでに暴きだす。この女を憎み、ふがいない男に同情する読者は、作者のたくらみにはまってしまうのである。どんな悪女でも人間であり、その女と一緒に暮らそうと決めた以上は一緒にいるしかないというだけではない。それだけなら、犬猫でも、拾ってきた以上は愛情をもって最後まで世話をしなければいけないので、いうことを聞かない嫌な犬だなどといって捨てるわけにはいかないのだというのと同じである。この小説では、そこからさらに一歩ふみこんでゆく。むしろ、あらゆる人から「悪女」、「精神異常」とののしられ、夫にも捨てられそうになる女を、最大の愛情をもってみつめ、その悲しみを描いているのである。この作者にとって人間はみなそんなもので、円満な家庭だの、夫に尽くす良妻賢母だのというものくらい、いかがわしい偽物はないのだと知り抜いているのである。捨てられた女、自殺未遂の女のほうから女の性を描いたのが『愛情の系譜』であり、子を道連れに一家心中をする女を描いたのが『蛇の声』である。『賭けるもの』では、同じように子を背負って冷たい荒川に身を投げた女を、罪のない子供まで道連れにするとはなんて女だろうと作中の人物にいわせているものの、『蛇の声』では、追い詰められて入水自殺をするしかなくなった夫婦を是認している。『賭けるもの』でも、主人公が仕事の上で追い詰めて、その挙句自殺させた上司の葬式で、遺族のものに責められ、小突きまわされ、殴られる。さきに死んだものが勝つのである。生きてゆくことはつらいことなのだ。その男が何度目かの自殺未遂の女を引き取ってヒステリーに悩まされながら世話をする。まわりでは、なにもあんな女と一緒にいなくともいいだろうというとしても、また、だんだんと美しい顔もやつれていって、肉体の関係さえとだえていっても、自分が見捨てたら、この女は生きていけないと思いつめて、地獄のような生活をひきうける。それを哀しい「愛」というのだと作者はいうようである。

3 禁じられた愛

禁じられた愛のリストははてしない。宗教上の禁忌も、身分制の禁忌も、医学上の禁忌も、政治や軍事上の禁忌もある。愛した人がたまたま社会や宗派が許さない相手だった。そこからすべての文学が出てくる。『クレーヴの奥方』も『赤と黒』も『谷間のゆり』も『アタラ』も『田園交響曲』も、まさにその悲劇でしかない。インセストとはその不条理の代名詞である。

a インセスト

フランソワーズ・エリティエは「第二のタイプ」のインセストを問題にした。レヴィ＝ストロースの親族構造の研究にたいする問題提起でもあったが、神話的タブーにおいて問題となる「親族」とは姻戚も含めた同居家族あるいは同族なのか、それとも家族を別にしていても血縁の近さが禁止をもたらすのかという問題である。「第二のタイプ」というのは、血縁はないものの、家族関係が濃密で、同居家族間などの二重の結合（妻の姉妹と同時に交わるなど）が多く問題とされる。

遊牧民族では、テントに入りきれない家族は、分かれて別な部族をつくってゆく。あるとき、草原のかなたからやってきた部族と交戦し、相手の女を略奪して妻にしたとき、それがかつて別れていった一族の女で、兄弟姉妹の関係だったとしても、それはインセストとはされないことが多い。オイディプスの場合も生まれてすぐに棄てられて、別な家族で育てられていて、実の親子は顔も知らなかった。それがはたしてインセストになるのかどうか。それよりも同じ屋根の下で暮らしている家族のもの同士が義母であれ、義妹であれ、同じ屋根の下で交わればインセストであり、家族の掟を乱すものとして罰せられるのではないか。血縁よりは家族のきずなである。

その場合もそれを罰するものが死んだあとであれば、妻の死後、その妹と再婚する場合でも、父の死後、息子が義母と結ばれる場合でも、制度によっては問題にならないこともあろう。とくに王権にかかわる場合、あるいは広く相続権にかかわる場合、王の死後、あらたに王位についたものが王権と王国と王妃、あるいは後宮のすべてを引き継ぐとき、それが征服や反乱であれ、自然な相続であれ、もとの王妃が新王の后になることは、親子であっても許容されることがあるだろう。ただし王が存命中は、その后に手を出すことは、王子であれ、だれであれ、反逆罪になった。反逆であって、インセストではない。神々の場合と王の場合、そして人間の場合は違うのである。

シラーの描いた『ドン・カルロス』の主人公はエリザベートと、もともとちぎりあった仲だった。それが政略結婚で、父親の后になってやってきた。結婚後のエリザベートとドン・カルロスは血縁上の親子ではない。しかし、父親の妻である。ランクはこのドラマを『文学作品と伝説における近親相姦モチーフ』で取り上げ、実質的な母子愛の物語とする。シラー自身が母親を恋していた。またネロと実母アグリッピーナの関係をも芝居にしようとしていた。さらにシラーは母親のかわりとして姉を恋しており、同じ家のなかでふたりの女に同時に恋するという状況を、彼の妻とその妹との間にも築こうとしていたという。妻の妹との関係も近親愛ではないが、家族の秩序を壊乱する要素だった。

ランクが取り上げた作品では、マリ・ド・フランスの『ミロン』がある。「レ」のなかでは、めったに取り上げられない作品で、よくわからない作品だが、ランクが近親愛の変形であるというので、そのつもりで読むと、たしかに隠された筋が浮き上がってくる。女が騎士と懇ろになり、子供が生まれるが、だれにも知らせずに遠いところに嫁いでいる姉にゆだねる。女はほかの男の妻になり、騎士とはひそかに手紙をやり取りしている。やがて、子供が大きくなり、武者修行に出て、騎士と一騎打ちをするが、互いに親子であることがわかる。息子は母親の城へむかうが、途中で母親の夫が死んだことを知る。一騎打ちでは実の父親を殺していたかもしれないし、逆に父親にそうとしられずに殺されていたかもしれない。これはランクによれば立派にオイディプスの状況だという。騎士を打ち倒すと、その后を手に入れることがふつうにおこなわれていた。騎士が女と結婚していれば、そうなるところだった。実は母親はほかの男と結ばれていたが、その夫は死んで、騎士が迎えられるところだった。決闘がそのあとだったら、子は父を殺し、その妻を、実の母と知らずに娶ったところだった。物語はそれを避けるために、母がほかの男と結ばれていたことにしているが、これはオイディプス状況を隠蔽する工作である。最初の騎士と女が結ばれないのが、なぜかわからないが、身分が違うとか、ほかの男にすでに約束されていたというような状況だろう。その、ほかの夫との間に子どもができていれば、その子が今度は、新しい父親となろ騎士と決闘をするかもしれない。その子とかつての捨て子とがどこかで遭遇して戦えば兄弟の戦いになる。いずれにしても、中世社会では、捨て子も、政略結婚も、女をめぐる決闘も、べつに女をめぐる決闘ではなくとも、決闘で殺した相手の財産と女房を手に入れることも頻繁におこなわれていた。そのような社会で見知らぬ騎士同士が戦って、実の親子の殺し合いになったことも、残されたやもめを勝者が手に入れて、それが実の親子だったということも、かなりの頻度でありえただろう。

ランクはまた、キプロスの伝承として、「父親の墓にリンゴが生え、その実を娘が知らずに食べ、それで妊娠する」（前掲書514頁）話を紹介している。連鎖的転生譚で、果実や、種などになって、女性の腹のなかへ入って子供として生まれてくる話はインドなどに多いが、その場合、母胎はかりもので、母であっても、娘であっても、妹であってもなんでもいい。実を食べることを性交の暗喩であるといってもいいが、神話ではその種の解釈は「かたり」のなかには包摂されない。そのような転生には交接は必要ないとされる。であれば、子が果実として実母の口のなかへ入ってもインセストとは理解されない。交接と懐妊、誕生とはかならずしも一致しない。社会的規制の対象となる「婚姻」と、感情的問題としての「愛」、一時的肉体の接触でしかない「交接」、子供を生むことによる親子関係の成立などは、それぞれ別個の要素であり、社会制度で禁止される「近親婚」と、近親者同士の愛情が性的関係にまで発達しても「結婚」はしない場合、偶然の出会いで結ばれたもの同士に血縁関係があった場合、など、さまざまである。つまり「近親愛」「近親婚」「近親姦」は同一には論じられないのである。

神々の間では兄妹であれ、親子であれ、いっさいその交わりを禁ずるタブーは存在しない。タブーは人間を律する掟であり、神はその対象ではないからだ。王もエジプトでは神の化身であり、すべてが許されていたし、むしろ神としての同族同士でしか婚姻できなかった。その神や王に許されたことを人間がやろうとすれば罰せられたのである。その場合、第二親等までか、いとこまでか、広い意味でのエンドガミー（族内婚）がすべて禁じられたか、これは程度の問題で、どこまでという絶対の基準はなかった。むしろ家族の掟の問題で、夫婦以外の交わりは同じ屋根のしたでは許されなかった。家族内秩序の問題であり、あるいは所有権の問題だった。そしてそれ以上に、近親者同士の愛は強ければ強いほど、当事者を苦しめる。彼らはそれが禁じられた愛、呪われた愛であることを必要以上に意識し、禁じられた愛の殉教者になるのである。

神と人間の間の問題としては、世界をつくるときは最初の兄と妹が結ばれて人類の祖となるのであり、神々も始祖も世界をつくるためには最小限の単位の間の結びつきが、複雑な社会をつくってゆくので、最初はインセストしかないのに対し、いったん秩序がつくられたあとは、その秩序を守るために婚姻規則が定められ、インセストタブーができる。しかし社会が硬直化すれば、それをくつがえして、あらたな秩序を構築する必要が生じ、多くはトリックスターが古い秩序を壊乱して新たな創造に道を開く。その場合、たとえばアメリカインディアンのトリックスターのように、祖母を犯すことが秩序壊乱の手始めになるが、結局、秩序を壊乱したトリックスターは新しい社会からも排除され、いずこかへ消えてゆく。近親相姦が文化をつくってゆく要因になる（吉田敦彦『神話と近親相姦』）という考えもある。

日本神話でもイザナギ・イザナミ、あるいはスサノオ・アマテラスの関係においてはタブーはすくなくとも明示はされない。スサノオとアマテラスの「うけひ」はインセストを隠蔽するための言いかえであるとしても、その結果が忌まわしいものであるということはない。軽皇子のときから、婚姻規則があてはめられる。しかしそれについても山上伊豆母は後代の解釈で、その時代はまだ近親婚の禁止の定めはなかったのではないかとみる。神から人間へという時代の推移だけではなく、古代社会から律令社会へという歴史的推移が婚姻規則でも問題だろうというのである。

さらに時代を下り、平安の王朝では庶民のあいだはともかく、宮中は一種の後宮で、そこでは一夫多妻で、宮中を一つの家族とすれば、みな同族で、王子であれば「女房更衣あまたおわします」という女たちはすべて「母」の位置にあった。そこで藤壺を犯した源氏は義母と関係したということより、天皇の女を汚したしたという王権侵犯において有罪とされたのであり、インセストをとがめられたのではなかった。

その前の時代、聖徳太子は陽明天皇とその妹との間に生まれた。異腹の妹だが、インセストの禁はなかった。

神や王には婚姻規制はない。人間であっても家族制度成立以前には近親婚のタブーはない。家族制度成立後の庶民の世界で同一家族内での乱婚が禁じられたが、妻の死後、妻の妹を娶ること、父の死後、息子が父のかわりに義母を妻とすることなど、家族の一員が欠けたときにその欠落をうめる形での近親婚は多くは認められた。養子、捨て子などで遠く離れた一族が出会って交わる「オイディプス型」近親婚は氏族制度を混乱させない限りは法的には許容されていた。また婚姻関係外の情事や、兄弟姉妹間の「たわむれ」は社会制度、家族制度を混乱させない限り、その相手が血縁であろうとなんだろうと、ふつうは「近親婚」とはならなかった。

神々や古代の人間の生活をものがたる神話にはインセストタブーの話は出てこなくとも不思議はない。しかし吉田『神話と近親相姦』で取り上げられているサテワヌ神話のように、オセアニアでは母子相姦の話はかなりの頻度で出ており、それにたいする忌避の態度もしめされている。母子、あるいは父子姦は家族制度の確立以前でも親子関係がはっきりしている社会では、忌避される。その他の関係、とくにフランソワーズ・エリティエが問題にした妻の妹との関係などは神話世界ではほとんど問題にならない。姉妹で同じ男に犯されたピロメネの神話も近親婚とはされない。

となると、「知らずに犯した母子姦」「知らずに犯した父殺し」であるオイディプスが呪われる神話が世界中に普遍的にあるかどうかが問題である。遠い部族とのエグゾガミー的関係でも血縁の「呪い」がありうるというのは、まさに超自然的な「呪い」の問題になるだろう。犬婿等の話で母子が交わって子をつくる話は始祖伝承として、他に相手がいないのでやむをえないとされる。そうではなく、相手がいくらでもいるときに、そのなかに結ばれてはならないものが存在するということは、社会が婚姻制度を制定しようとする過程の試行錯誤に属するのではないだろうか。

神話は人間社会の婚姻制度、家族制度の制定の前に位置し、さらにそれを超越している。社会制度ができあがったのちの人間同士でも、家族制度を混乱させないもの、一時的情事、家庭外のつまみぐいであれば、その対象が血縁のものであろうと、近い姻戚であろうと、さして問題にしないケースが多い。オイディプスは正式に結婚した相手が不適当だったのである。ひそかに結ばれているだけなら神話・説話にはこの種の話は珍しくない。また、情動としてはふつうである。ランクは「母親に対する息子の性愛的な愛着と同様に、父親と娘の愛情関係も、典型的な、普遍的に人間的な情動に属する」

（前掲書521頁）と言い切る。

日本の場合も、婚姻制度が制定される以前の社会での近親間の関係については、とくに忌避も禁止もみられない。軽皇子の場合も兄妹の結びつきを禁ずる法令にしたがって処罰されたが、それ以上の「呪い」などはあらわれなかった。一般に不適当な男女関係に基づく社会的不具合、あるいは運命的な悲劇は知られていない。家族制度が確立してからは、「知らずに犯した母子姦」は呪われたものとなったが、和泉式部と実子という設定の道命との関係は『御伽草子』ではかならずしも強い抵抗は生まず、情緒的に処理される。フランスではニノン・ド・ランクロが実子と知らずに交わったとき、この青年のほうはそれを知って自殺した（ランク、前掲書178頁）。日本でも兄と妹がそうと知らずに結ばれたのがわかってともに入水して、それを憐れんだ村人によって道祖神として祀られたという話はあるが、入水はしたが、祀られているのであり、社会から呪われて追放されているのではない。ミュラは父親との関係を恥じてアドニスを懐妊したまま樹木になった。しかし、アドニスにはとくに出生の「呪い」はつきまとわない。『エプタメロン』の語る、実母と関係して得た娘と交わった男の話も、そこでは一同の笑いをさそう滑稽譚であり、禁断の愛でも呪われたものでもない。すべてを知っている母だけが、ひそかに涙にかきくれる。

日本では捨てたわが子と知らずに出会ってちぎりを結んだ和泉式部の話がある。道命阿闍梨物語である。もちろん伝説であり、ありそうもない話である。道命が「色にふけりたる僧」であるという伝承から、それにふさわしい話がかたられたとも思われるが、また多情な女としての和泉の恋愛遍歴のひとこまとして、世人は親子愛という極限的な状況をさえ和泉式部に仮託したとも思われるのである。

世人にできないことをやりとげるスーパーヒロインとしてではなく、ありとあらゆる色恋の形を百科全書的に網羅する女として想像したのである。そしてまた、そのようなことが話としても可能であったむかしをある種の情調をこめて語る物語である。

一般に社会制度の確立後、国を乱す、君臣の秩序を乱す、家族を乱すといった乱脈な通婚が、その社会の婚姻制度に反している場合に禁じられるのであり、一時的なもの、公にしないものは、おおむね大目にみられる。ランクは「多くの古代民族や今日の未開人たちにおいては近親者間における性的な結合が禁止されていないのみならず、実に好んでおこなわれるということ、それどころか神々が模範として引き合いに出され、そのような関係が強く奨励されさえする」（前掲書600頁）という。しかし当事者たちは苦しむ。世間の目を意識し、ほかの近親者たちの憎しみを痛いほど感じ、彼ら自身でさえ、たえまなく罪の意識に苦しめられる。

b オイディプス

愛してはならない人を愛してしまうというのは、やはり「呪い」だろう。オイディプスは生まれるとすぐに棄てられ、素性を知らされずに育ち、さらに異国の王の養子になって、二重、三重に偽の素性を与えられたのである。父を殺し、母と交わるだろうという予言は、予言ではなく、呪いで、どんなことをしても避けることはできなかった。しかし、それをオイディプスも知っていて、避けようとして旅に出たのである。それが、知らない国にきて、そこの王になり、前王の后の床に入ったからといって、意図的な近親婚でない以上、彼には罪はない。

和泉式部が子を捨てて、それが成人して、そうと知らずに母と交わったという伝説でも、これも同じで、一つの家で親子として暮らしていたふたりでなければ、出会いも偶然で、だれの罪でもない。道祖神起源説話で、兄妹がそうと知らずに出会って結ばれたというときは、真実を知ったふたりが入水して死に、村人がそれを憐れんで祀ったといい、「罰」が与えられているが、かならずしも死ななければならなかったわけではないだろう。

離れ小島に流された親子が互いに交わって子をふやした話が犬婿などでも語られる。これも始祖伝説である以上、地上最初の男女が交わることと同じで、実は兄妹だとか、親子だということは、付随的である。アダムとイヴというのも兄妹とも、親子ともいいうる関係だが、地上最初の男女というときには、そのような家族の掟は超越している。

親子の関係はアドニスの誕生神話にもあり、こちらは、娘が父親に愛されて、その事実を知って死んで木になったのだが、だから、アドニスが呪われていたということもない。ロトの娘たちが父親を酔わせて交わって子孫をえたことも、聖書学者たちは、ヘブライの民のことではなく、その敵の部族の話として、だから、悪しき民だなどというが、それは都合のいい解釈で、神話としては親子婚が立派に成就したというだけである。

近親婚については、家庭、あるいは家族の構成を乱す要素として禁じられているのであり、家族の一員が死んでその不足を補うとき、あるいは離れ小島のふたりのように、ほかに可能性がないときには、それを禁ずる理由がないのである。妻が死んだとき、その妹が後妻になることがむしろ決まりとなっていた社会もあり、そこにはいささかも近親婚の性格はない。ただ、妻が生きているあいだに、その家庭のなかで、妻の妹が世帯主と関係した場合は、家族関係が混乱するので、避けられる。しかし姉妹がそろって嫁入りするケースもあって、それがかならずしも家庭の秩序を乱すとはかぎらない場合もある。これは不倫の場合も同じで、一夫多妻の制度においては不倫は存在しないのである。

義母との関係も父親が生きているあいだは家庭の秩序を混乱させるが、父の死後は壊乱要素とはならない。兄妹でも、両親もほかの兄弟姉妹もみないなくなってしまったときは、おのごろ島のイザナミ、イザナギと同じで、このふたりが結びついてもさして問題はない。

c 愛することの罪

『田園交響曲』の愛は悲恋だろうか？　盲目で身寄りのない少女を拾って育てた牧師にとって、それは「呪われた愛」だった。愛してはならない愛が育ってしまった。牧師の側からいわせれば、ジェルトリュードもまた悪魔の化身だったろうか。彼女に対するどうしようもない思いは、悪魔的といわずになんといえようか。牧師はジェルトリュードを愛してはならなかった。恩恵をほどこしても、それ以上に心を寄せてはいけなかった。それができないのなら、そもそも拾ってくるべきではなかった。最初から、それは悪魔の誘惑だったのである。彼女さえいなければ牧師が心の安寧を失うことはなかった。娘にとっても牧師は罪の化身だった。はじめから幸せな愛は許されていなかった。一般の読者はそうは思わず、牧師は聖人で、娘のほうも純粋だと思う。じつはこの小説の主題は「悪」なのである。それも「無意識の悪」だ。あるいは「人をそこなう愛」だ。「慈愛」「博愛」が実は「悪」であり、相手にとって迷惑で、自分のまわりにも波紋を広げることがあるということ、本当にすぐれた人間で環境や状況が整っていなければ、人を救うとか、慈善をおこなうことはできない。溺れかかっている人を見ておもわず飛び込んで、そのあとで、しまった自分は泳げなかったのだなどといっても、もう遅いのである。おおむね、自分を救えないものが人を救おうとして共倒れになる。子犬や子猫が捨てられて道端で鳴いているのをみて、衝動的に拾ってきても、犬猫を育てる条件が揃っていなければ、どちらも不幸になる。

ジェルトリュードは牧師に感謝しながらも、ジャックにひかれてゆく。ジャックとは肉体の関係にいたった。目が見えるようになる前に、すでにその段階で彼女の目は開かれていたのだ。牧師の父親のような愛は本当の愛ではなく、ジャックとの肉体の愛が本物だった。牧師は、父親としての立場からも、妻がいるということからも、そしてそれ以上に保護者、恩恵者として、余計な感情をもってはいけないということからも、愛を求めればジェルトリュードとしては拒絶できない関係にあることが逆に足かせになって、本当の愛をそそぐことができなかった。その間に、最初は拾ってきたジェルトリュードに冷淡だったジャックが有利な立場でジェルトリュードの心をとらえてしまった。彼は悲劇のあとで、父親を非難する。彼に父親を非難する権利があるのだろうか。ジェルトリュードにはしかし、何ができたのだろうか。牧師を捨ててジャックと暮らすことはできなかった。本当は牧師にすがりつきたいのだった。目が見えるようになって、牧師の老醜に気づいたというのは正しくない。老いているから醜い、醜いから愛するに値しない、愛の競争から年齢によって脱落しているのだから、若いものは若いもの同士で一緒になればいい、そんな論理は成り立たない。目が見えるようになって、老人の老いがわかっても、本当の愛だったら、そんなことはなんでもない。見えるようになった目は若者の未熟さも、エゴイスムもあからさまに見せるだろう。目が見えるようになったからではない。ジェルトリュードは愛してはいけないものを愛していたことを知って死を選んだのだ。ほかに道はなかった。ジャックがよければジャックと一緒になればよかった。ジャックが修道誓願をしたなどということは二のつぎだ。愛がすべてであれば、ふたりが逃れる道はいくらでもある。しかしジェルトリュードにとって他の道はなかった。彼女が本当に愛していたものは、愛することができないものだった。ジャックとの愛も錯覚だった。いや、人の世で「愛」こそ、人を死にいざなうものにほかならない。本当の愛をつらぬくにはこの世を去るしかないのだ。「愛は滅びにむかう」(今道友信『愛について』)という。

第VI章　愛の図像学

愛の神話学に相当する「愛の図像学」があるかというと、「学」はともかく、「愛」を描いた絵や彫刻は、すくなくとも西洋にはたくさんあると思われるに違いない。しかし、そこでも、いわゆる「男女愛」あるいは「母の愛」は描かれても、「人類愛」や「神の愛」はむずかしく、空中に立ったキリストを描いて、「神の愛」と題した絵があっても、その「愛の形」は描かれない。

男女愛でも、古代インドの『カーマ・スートラ』的なからみあう肉体の形は、カジュラホの彫刻か、日本の春画かに描かれるが、とくに後者の場合は「愛」という精神からは外れるものが多いだろう。もちろん性交図は西洋でも近代のポルノ画でも、ルネサンスの解剖学的な図でも、「愛」の精神から遠ざかることは同様である。また男女の性器を描いたもの、あるいはそれを誇示したものは、たとえばアイルランドの魔除けのシーラ・ナ・ギグの像や、あるいは陽石、男根型道祖、ヘルメス柱などにみられるが、そこに宗教性があっても、「愛」の精神の表象とはいいがたい。

まず、愛神エロスを描いたものはたくさんある。ついで、「天上の愛と地上の愛」「エロスとアンテロス」といった絵もルネサンス以来あげられる。地上の男女の愛の相としてはロダンやクリムトの「接吻」などが代表的だろう。しかし性器をもってそれをあらわしたものはあまりない。「愛」と「性」は図像的にも別物のようである。いや、「性」と「性器」ですら別ものだろう。「愛」と身体表現も別である。「結婚」の寓意図もあるが、「愛」が描かれているのかどうか疑問である。むしろ、「恋文」といった画題で愛の感情が描かれる。「恋文を読む女」と題する絵はフェルメールでも歌麿でも思いつくが、それは「恋する女」であっても「愛」ではないかもしれない。

母親のおさな子にたいする愛情の図は聖母子像に無数にあるが、これも本当に母の慈愛を描き切ったものは少ない。聖母子像というだけで、多くはおさな子イエスが母親のほうではなく、違うほうを向いている絵が多い。聖書でもイエスは母親を否認するのである。

男女を描いても「アダムとイヴ」はほとんど愛の情景にならない。むしろマサッチョの《楽園追放》のような悲しみの絵になる。

1 愛神の造形

「愛」の観念ははたして形にあらわすことができるのか、クピドを描けば、接吻を描けば、愛を描いたことになるのか、恋文や婚礼や舞踏は、そこに「愛」があることの約束なのか、そもそも「愛神」

はどんな顔をしていたのだろう、というところから振り返ってみよう。そこにはときに「死」がのさばりだしてもくる。

a　エロス・クピド・アモール

「愛の情景」と称する絵はいわゆる「田園詩」に見られるが、男女がたとえば手を取り合って踊っていても、そこに「愛」があるかどうか確かではない。中世の「接吻図」では死神の接吻、美女と骸骨などがあるが、いうまでもなく、そこから「愛」の情調を汲みとることはむずかしい。文学でもすでにみたように、とくにフランス文学で『クレーヴの奥方』『新エロイーズ』『マノン・レスコー』『谷間のゆり』『赤と黒』『椿姫』『田園交響曲』など、愛を描いた作品、いわゆる「恋愛小説」は山ほどあるようにも思われるが、まず、それらにおいて、恋人たちが幸せな結末をむかえるものはひとつもない。いずれも別離か死かである。そしてそれらの愛の物語のいくつかの情景を挿絵にしてみても、愛を描いた画像にはならない。

十九世紀のブグローはアレゴリーを得意とした画家だが、《エロスと娘》も矢を持ったエロスがいたずらをしようとしている図であって、ここに「愛」が描かれているわけではない。《クピドの教育》などという絵でも「愛」はみられない。ただ、ブグローのこの絵は「愛」を遠ざけようとする娘の憧れと恐れのないまざった感情をよく表わしているとはいえる。エロスではなく、同年代の青年が性的誘惑をこころみている場を暗示しているともみられる。青年の「矢」である男根が恐ろしいとともに惹かれもする。だめといいながら、すでに身を任せているような娘の心の動きともいえる。「だめ、

ウィリアム・ブグロー《エロスと娘》
1880 年　ノースカロライナ美術館

でも愛するなら本気で愛して」とでも言っているようである。娘のコケットリーでもあろう。

　そんなわざとらしい抵抗を捨てて、身も心も男に捧げつくしている男女の抱擁を描いたのはカノーヴァの《クピドとプシュケ》であり、ロダンの《接吻》(250頁)だろう。《クピドとプシュケ》のほうは、神話的には恐ろしい怪物に捧げられた女が、相手がじつは美しい愛の神であることに気づく話で、しかし女は相手の顔を見てはならなかった。

　ブグローのいたずら小僧と、プシュケを抱くクピドは同じもの、愛神アモールである。神にとって人間の女との愛は所詮いたずらにしかすぎなかったかもしれない。

　真剣な愛は人間同士にしかないかもしれない。シャガールの描く恋人たちは空を飛んでいても、けっして神ではない。地上の世界を逸脱するのではない。愛の喜びが空を飛ぶかのごとき感覚をもたらすのである。地上の世界は肉体の世界でもあり、愛し合う男女は裸になって互いを求め合うとき、ときに争い、戦い合うようにもみえるだろう。エゴン・シーレの描く恋人たちは、官能の極致においても天に舞い上がることはなく、地上

アントニオ・カノーヴァ
《クピドとプシュケ》1787-93年
パリ、ルーヴル美術館

でからみあったまま、むしろ地下へひきずりこまれるかもしれない。《死と乙女》と《恋人たち》の二枚の絵が奇妙に似ている。

マグリットに布を仮面のようにかぶった男女の接吻図など一連の作品がある（《恋人たち》〔一九二八年、オーストラリア国立美術館〕ほか）。顔の不在、顔のない男だろうか、これで思い出すのはブロンズィーノの《愛のアレゴリー（快楽と欺瞞）》（180頁）である。接吻する男女の足元に仮面がころがっている。仮面をかぶって出会った男女が仮面も衣服も取り去って抱擁しているという場面である。その男女が一般にウェヌスとアモールだという。であれば実の親子である。絵には人物の名前は書かれてはいないが、女は熟年で男は少年である。上のほうにいる老人は時の翁で女は時の翁の娘の「真理」である。というのも、伝統的にそういわれてきているだけで、画家の意図はわからない。さらに顔をかくした老婆がいて、「嫉妬」とか「復讐」だとかいうが、それも不明である。さらに女のうしろにいる男女の子供が「快楽と欺瞞」だというのだが、このパノフスキーによって説明された人物像がどこまでそのような説明を正統化するものかわからない。

エゴン・シーレ《死と乙女》1915年
ウィーン、オーストリア美術館

エゴン・シーレ《恋人たち》1917年
ウィーン、オーストリア美術館

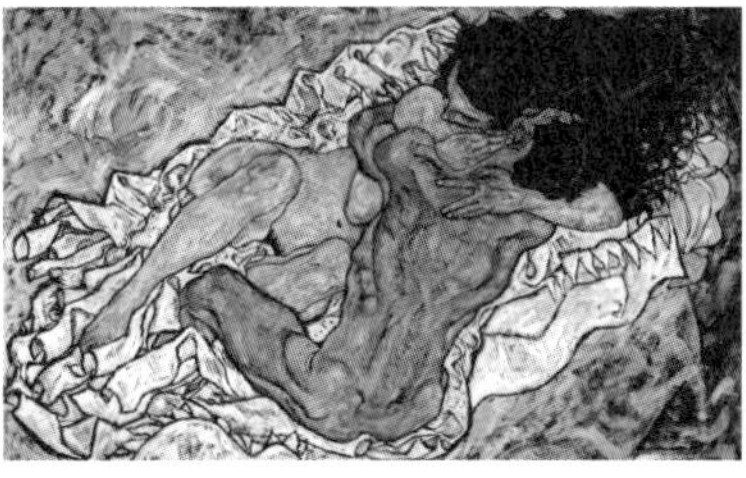

アーニョロ・ブロンズィーノ
《愛のアレゴリー（快楽と欺瞞）》
1545 年頃　ロンドン、ナショナル・ギャラリー

ウェスト・ベンジャミン《アドニスの死》1768 年
ピッツバーグ、カーネギー美術館

ニコラ・プッサン
《アドニスの死》
1626 年頃
フランス、カーン美術館

下：部分図

この絵のテーマが「禁じられた愛」かどうかは解釈が分かれよう。接吻をしているのがウェヌスとアモールであるかどうかも確かではない。画面上部の「時の翁」とその娘の「真理」が、この情景を暴こうとしているのか、隠蔽しようとしているのかも断定しかねる。画面背後の怒り狂っている老婆がなにを憤慨しているのか、その三人の「検閲」がどのように画家の倫理をあらわしているか神話学的な説明が求められるところである。確かなことは、ここには危険な関係の妖しい魅力があるとともに罪の暗さがないということだ。欺瞞、あるいは仮面を借りた愛であってもいい、愛は祭りの興奮によってかき立てられ、その陶酔のなかではこの世の掟も禁制も忘れられるのである。背後の子供たちは偽りの装置で快楽を押し進める。足元の仮面はカーニヴァルなどの祭りをあらわしている。髪をかきむしる老婆は社会的倫理などをあらわしているだろう。その上の「真理」もどちらかというと快楽を禁ずる秩序の側であろう。右側は快楽を演出する側であり、その上の「時の翁」は、罪も喜びもすべて押し流す「時」である。祭りで出会った男女があらゆる社会的拘束も倫理的規制も捨てて、その喜びの時を楽しもうとする。あるいは喜びの薔薇を摘もうとするといってもいい。ロンサールの詩で、時に流されて老いてしまう前に、今この時を楽しもうという愛の誘いがある。画面の手前、光の当たっているところには「今」しかない愛の喜びがある。明日になればふたりは引き裂かれる。あるいはあらゆるものの非難にさらされる。愛の時は今だけなのだ。

b　愛と死

愛と死のテーマでは死神と美女の接吻という図柄もあるが、キリスト教中世の造形である。それにその思想は愛のはかなさ、死の必然を示すもので、愛の賛美ではない。十八世紀にウェストの描いたギリシア世界の《アドニスの死》（181頁）をみよう。

神であれば死んだアドニスを生き返らせることもなんでもないはずだが、そしてプリュギアのアドニス祭では若者の再生を祝う儀礼が行われるのだが、通常の神話ではアドニスは猪の呪いを負って生まれており、猪によって死ぬさだめだったとされる。そもそも父親と交わったミュラによって懐妊され、木に変じた母親の胎内で大きくなって、木の皮を破れずに生まれることができなかったのが、猪の牙で樹皮を破られて、やっと生まれたともいうのである。生まれるべきでなかった不義の子である。彼を愛した女神ウェヌスにも夫であるウルカヌスがいるのである。神に愛された人間は夭折しなければならない定めでもある。この絵の原画とも目されるプッサンの絵（181頁）では女神が黄金の壺から不死の水とも思われるものをそそいでいるが、アドニスは蘇らない。アドニスが生まれたとき、一時ペルセポネにあずけられ、以来、地獄の女神がこの美青年に惚れていたのが、死の原因ともいう。愛するものを失った女の悲しみはよくでている。

似た構図のつぎの絵（184頁）はジョルダーノの《ディアナとエンディミオン》である。

ディアナあるいは月の女神セレネーはエンディミオンに惚れ、思うままに愛することができるように青年を永遠の眠りにおとした。月の魔術である。そして満月の夜は月のなかから女神がおりてきて、眠れる美青年に接吻する。もしかしたら、エンディミオンの夢に女神があらわれるのかもしれない。永遠の眠りは死だが、女神に愛されつづける死は青年にとって永遠のよろこびかもしれない。左端にいる犬は、異界の女がやってきたりすればふつうなら激しく吠えるだろう。ここでは、主人が眠り込

ルカ・ジョルダーノ《ディアナとエンディミオン》
一六七五／八〇年頃
ワシントン、ナショナル・ギャラリー

ジャン＝オーギュスト＝ドミニク・アングル
《ユピテルとテティス》一八一一年
エクサン・プロヴァンス、グラネ美術館

ギュスターヴ・モロー《ユピテルとセメレー》
1889-95年　パリ、モロー美術館

んでしまって、どうしていいかわからない様子である。一般に犬は飼い主の恋人には媚をうらない。

神と人との恐ろしい愛はゼウス（ユピテル）に愛されたセメレーのそれだろう。三輪山説話と同じに、夜ごとの訪問者に本当の姿をあらわしてくれるように頼んだ女は神の本当の姿に接して雷撃をうけて死ぬ。神とは恐ろしいものである。

三輪山説話では櫛の箱にはいった小さな蛇だった。しかし、それは女をおどろかさないために神がとった仮の姿で、女がおどろきの声をあげたときは本来の姿である巨大な蛇になって天空へのぼった。このモローの絵（185頁）でもいつもの美青年のかわりに巨大な神の姿が現れるとともに、セメレーの腰のところには雷神である鷲のすがたの神の分身がとりついている。セメレーは雷にあたって死ぬのである。それは神に愛された人間が知らなければならない恍惚と恐怖の極致である。似た構図のアングルの《ユピテルとテティス》（184頁）では、男女の寸法の違いはほぼ同じだが、神であるテティスはゼウスに愛されても死ぬ必要はない。

c　ピエタ――憐れみの愛・母子愛

聖母マリアは七歳で神殿に捧げられ、以後、家庭の愛情を知らずに、神殿の神官たちのなかで育った。年頃になると、神、あるいは神官たちの命ずるままに、年老いた大工ヨセフの妻にさせられた。ヨセフとの「愛」の生活もしられていない。やがてイエスを生むが、少年ははやくから博士たちとの神学論義に熱中し、母にむかっては「わたしはあなたをしらない」とまで言った。カナの婚礼ではマリアはそこにいたが、酒が足りないことを告げると、「それがあなたになんの関係があるか」とつきはなした。マリアを「女よ」と呼ぶのである。たしかに一軍を指揮する指揮官のところや、一国の政治を司る宰相のところへ、実母なるものが姿をあらわして、口を出せば具合が悪い。公の存在になったら家族の絆は断ち切れるのである。イエスの場合は事実上の妻といわれたマグダラのマリアにむかってさえ、「我に触れるな」といった。聖母マリアは早くからわが子に否認され、遠ざけられて、十字架からおろしたときにはじめて、その遺骸を抱いて涙を流すことが許された。それまでは「他人」だったのである。マグダラのマリアはイエスの復活に立ち会ったが、聖母マリアは、十字架からおろしたわが子を抱きしめても、イエスが復活することはなかった。復活後も母の前にはあらわれなかった。今はじめてわが子をわが子として抱いて母としての悲しみを伝えることができた彼女には、しかしいかなる超自然の力もなく、死んだイエスは甦らない。ミケランジェロの描く聖母（188頁）は若すぎるという批評をくだされる。しかし彼女は永遠に老いない聖処女だったのである。わが子イエスにもなにもしてやることもできなかった。冷たい死体を膝の上に抱き上げて、じっと、過ぎ去った日々を思う。やがて、人々に促されて、死者を棺に納めて墓に入れなければならないだろう。埋葬ではなく、墓室に安置するだけのことだから、埋葬の手順があるわけではなく、いつまでもそうやって膝の上にものいわぬ死者を抱き上げていてもよかったが、彼女はまもなく、死者を人々にゆだねて、家、あるいは宿に帰ってゆく。そのあとのことは知られない。墓室にはその後、毎日マグダラのマリアが詣でた。棺はそこに置いてある。蓋を開ければいつでも死者に会えるのである。マグダラのマリアは毎日、蓋を開けて、イエスの顔に手を触れてはなにごとかを語りかけていただろう。だからこそ、三日目、棺が空っぽなことに気づいて驚くのである。毎日、そこに詣でていなければわからない。毎日詣でてい

ミケランジェロ
《ピエタ》1498-1500 年
ヴァティカン、
サン・ピエトロ大聖堂館

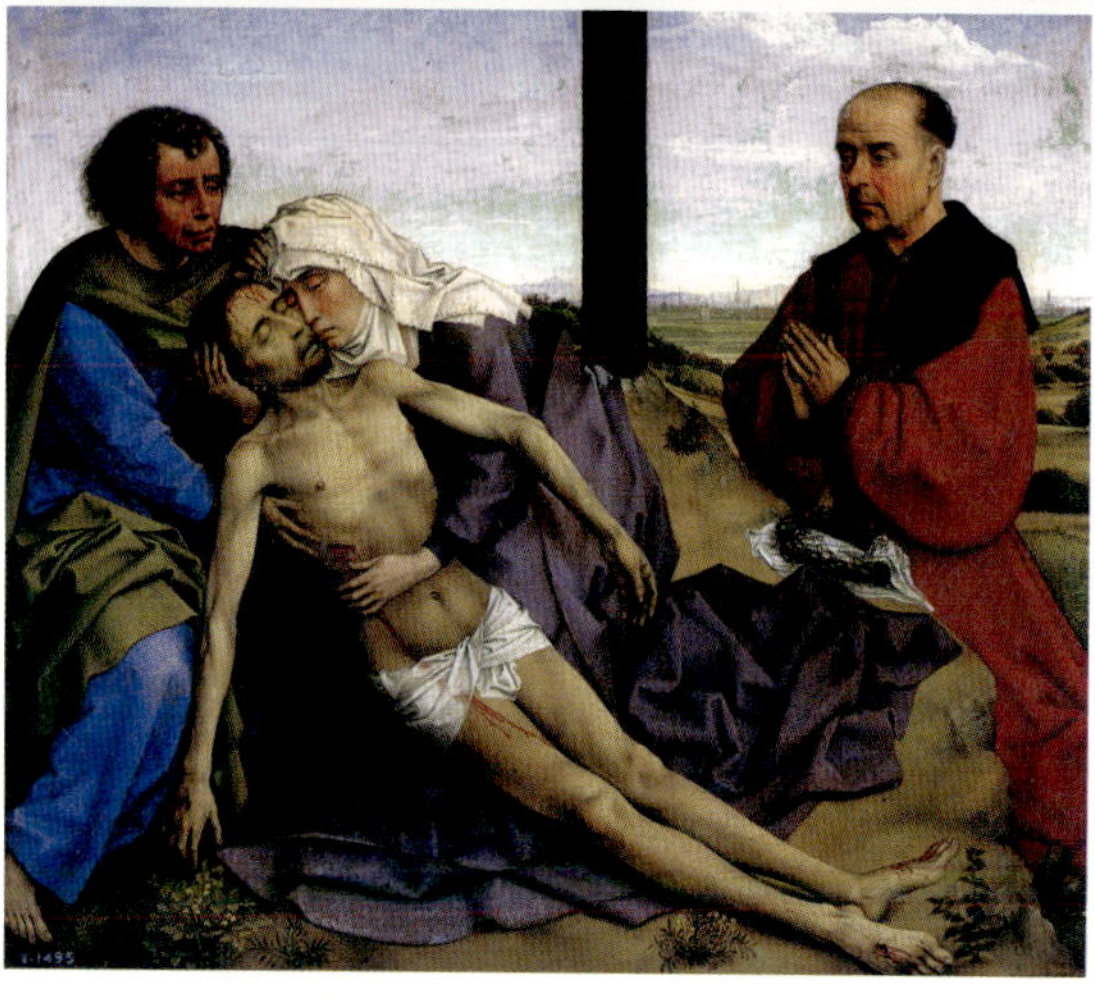

ロヒール・ファン・
デル・ウェイデン
《ピエタ》
1400 年頃
マドリード、プラド美術館

上：ルイス・デ・モラーレス
《ピエタ》1560-70 年頃
マドリード、
サン・フェルナンド王立美術アカデミー

下左：ルイス・デ・モラーレス
《聖母子》1568 年頃
マドリード、プラド美術館

下右：喜多川 歌麿《金太郎と山姥》

ても、棺の蓋を開けて死者に語りかけていなければ、それが空っぽになったことに気がつかない。それだけのことをマグダラのマリアはしていた。母親はそれもしなかった。彼女にとって死者ははじめから他者だった。いや、いま十字架から死者をおろして膝の上にのせたときだけ、彼女は母親だった。永遠に若い母親、わが子の考えも、使命もまるでわからず、そのまわりにうろうろするたびに、「女よ、あなたはだれなのか」と言われ、いるべき場所もわからずにうろたえていた若い女。しかしそれでもそこには、わが子を失った悲しみの母親がいる。そしてイエスもいまは、彼女にだけすがるかのように、死んだ顔をあおむけながらも、彼女のほうによせている。マリアの裳裾にかくれた下半身がイエスにくらべて大きいことは、母のおおいさと、おさな子にもどったようなイエスの無力さをあらわしたプロポーションとなっている。

この《ピエタ》では聖母の顔はイエスの顔とは離れているが、多くの絵では、イエスの顔にマリアの顔がもっと接近している。とくにファン・デル・ウェイデンの《ピエタ》(188頁)のマリアはイエスの顔にほおをすりよせている。彼は「降下図」では、気絶したマリアを描いた。ブリュッセルにある「嘆き」ではほとんど同じポーズで、ほとんど接吻をしているようにもみえる。モラーレスの《ピエタ》(189頁)でもマリアは顔をイエスの顔に密着させており、イエスもあたかもそれに応えるかのように顔をあおむけている。

モラーレスは「母マリア」を何点も描いた(189頁)。プラドにはもう一枚、左右反転し、おさな子のいたずらっぽい顔が四分の三こちらにむいたものがある。そのほうが母としての慈愛がよく描かれている。いずれにしても無数といっていいほどある「聖母子像」でモラーレスの描いた乳を求めるおさな子の像ほど生身の親子の情愛の描かれたものはない。愛という言葉(amor)は母という言葉(mama)と同じく、乳を求めるおさな子が最初に発する声から出ているという(『世界宗教事典』「愛」)。聖母が、みずから生みだしたおさな子を礼拝している像、おさな子を膝にのせて、ふたりで正面をみた荘厳像、生まれたおさな子が神秘的な光を発しているド・ラ・トゥールの絵、あるいは、身をよじって、肩にかつぐようにおさな子を抱いている像などいろいろあるが、いずれも教会の教える聖母子で、それにたいして、ここにはただの親子がいる。この乳をまさぐるおさな子とそれを見おろすマリアの絵は歌麿の《金太郎と山姥》(189頁)をも思わせる。

その後の十字架からおろしたイエスを抱く《ピエタ》(189頁)のマリアも、モラーレスにあっては非神格化された、ふつうの女としての母だ。

フラ・バルトロメオの《ピエタ》(192頁)は全体を出さずに右隅だけを拡大した方がいいかもしれない。まんなかは聖母である。イエスの背中を支えているのはヨハネで、後ろの二人はペテロとパウロといわれるが、寸法が違う。その後ろのゴルゴタの丘が遠景として描かれる。これはゴルゴタの丘そのもので展開している光景のはずで、したがって、そのゴルゴタの遠景のなかの一部分を前景で拡大してみせているのである。その中間にはそこにいないペテロとパウロをまるで幽霊のように描いている。このあと、そのふたりがイエスの精神を世界へ広めるべく定められていることを示しているのだろう。問題は右端のマグダラのマリアである。事実上の妻といわれながら、イエスの生前は他人の前でおおっぴらにその関係を、あるいは愛情を示すことは許されなかった。このあとですら、三日、イエスの墓に詣でて、イエスの復活をはじめて見たにもかかわらず、イエスに「我に触れるな」と冷た

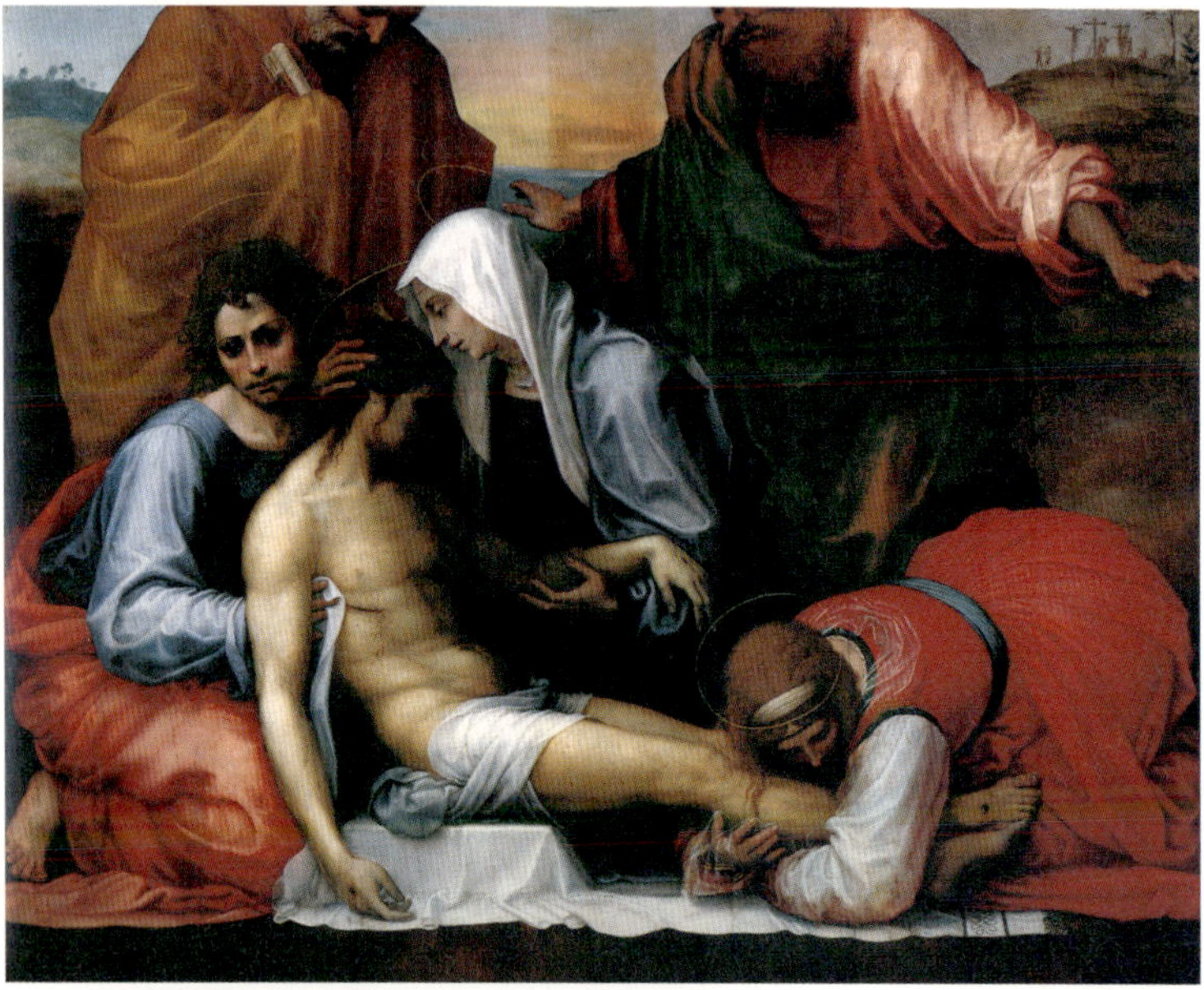

フラ・バルトロメオ《ピエタ》1516年
フィレンツェ、ピッティ美術館

ジョルジュ・ドゥ・ラ・トゥール
《鏡の前のマグダラのマリア》
十七世紀前半
ワシントン、ナショナル・ギャラリー

ジョルジュ・ドゥ・ラ・トゥール
《灯火の前のマグダラのマリア》
17世紀前半　パリ、ルーヴル美術館

くつきはなされる。生前もラザロの家で、イエスを迎えて、足に香油をぬったとき、またイエスの足元にすわって彼の話を聞いたとき、そしていま十字架からその遺体をおろしたとき、足にだけ、抱きつくことをゆるされていた女である。マグダラのマリアはそれでもよかった。足にしか触れさせてもらえなくともよかったのである。それだけでも、ほかのだれにも許されない特権だった。イエスの肉体に触れたただ一人の女だったのである。

マグダラのマリアは多くの画家にインスピレーションを与えた。しかし、香油の壺を持つ、きらびやかな衣装の娼婦としてのマリア、沙漠で苦行をする裸のマリアなどのほかは、十字架図で、十字架の足元にすがりつく頭からヴェールを被ったマリアが描かれるのが多い。もちろん、蠟燭の光で、ヴァニタス（虚栄）の象徴である髑髏を見ながら思いにふけるマリアを描いたジョルジュ・ドゥ・ラ・トゥールの連作（192・193頁）は彼女の心の神秘を描ききる。しかし、それを「愛」として読み取る人は多くはない。それにそれはイエスの死後なのか、生前なのかもわからない。おそらくは、十字架からイエスの死体をおろして、墓に埋葬したあと、それまで足にしか触れることを許されなかった「隠し妻」のマリアが、いまこそ一人でイエスに語りかけようと、毎日墓に詣でていたある日、ふとふりかえって、そこにイエスがいるのをみとめて、おもわず「先生」とさけんで膝にすがろうとしたとき、「ノリ・メ・タンゲレ（我に触れるな）」と冷たくつきはなされたあと、自分が何であったのか、イエスによって何を命じられているのかを、夜を徹して考えているところに違いない。その夜が明けて、彼女は裸のまま、荒野へさまよい出る。伝説ではその後、姉のマルタと、召使いのサラとともに船に乗って地中海を渡ってガリア（フランス）のマルセイユにつき、そこからローヌ河をさかのぼってキリストの教えを広めていったことになる。

マグダラのマリアは「捨てられた女」である。ドゥ・ラ・トゥールの「悔悛するマグダラのマリア」でも、愛の成就に満たされた女ではなく、捨てられた女の孤独が描かれる。悲しんではいない。隠し妻としてでも、愛され、満たされのである。そして、イエスの教えをただひとり理解した。いま、新しい使命が待っている。それを描き切るのはむずかしい。

「捨てられた女」という悲劇的な主題を画家たちは嫌ったようである（ボッティチェリにはあるが、成功はしていない）。愛の必然的な結末として、別れがあることを知りながら、造形として別れを描くことを画家は肯んじなかった。しかし十七世紀になると、人間的な感情の描写があらわれる。十九世紀ロマン主義においては、より極限的な表現が求められる。まずはプッサンの《幼児虐殺》（196頁）である。この時代、たとえば、ラシーヌなどの「古典劇」では、生の感情の流出は嫌われ、激情は暗示されるにとどまったが、プッサンはあえて、残酷な悲劇を描いた。ヘロデ王の命令で生まれたばかりの幼児をすべて殺すべく、剣をふるう役人に必死にすがりつく母親、この子を殺すより私を殺してとも言ったであろう。兵士、あるいは役人はその言葉に耳もかさず、剣をふりあげる。後方にはすでに子供を殺された女が泣き悲しむ姿が描かれる。この女たちは、夫や恋人を亡くしたときにも同じように嘆き悲しむだろうか？　夫を亡くしても涙もみせない女もいるだろう。しかし、子供を殺されて泣かない母親はいない。

同じテーマを描いたルーベンスの絵（196頁）では大混乱の場面に男女と幼児の死骸の山が描かれ、ドラクロワの《サルダナパロス王の死》などを思わせる絵になっている。プッサンはグイド・レニの

ニコラ・プッサン《幼児虐殺》1628-29 年頃
シャンティイ、コンデ美術館

ペーテル・パウル・ルーベンス《幼児虐殺》1637 年頃
ミュンヘン、アルテ・ピナコテーク

ウジェーヌ・ドラクロワ《激怒のメデイア》1862 年
パリ、ルーヴル美術館

同じ主題の絵に触発されたといわれるが、このプッサンの絵にはピカソが触発され、《ゲルニカ》にこの絵の婦人像をつかっている。絶望した人間の顔では、クールベに《絶望した男》があるが、これだけの激しい感情を描いたものは十七世紀では珍しい。

この種の残酷な主題も愛のひとつの形をあらわしていることは明らかである。つぎのドラクロワが描く、《激怒のメデイア》（197頁）も女の激しい情熱を描いている。わが子を殺すメデイアは、古代神話においては、残酷というより、悲劇的崇高さと受け取られていたかもしれない。神々は死なないが、人は死ぬものであり、神が命ずれば最愛のわが子でもよろこんで犠牲にするのである。

イアソンの許を逃れるためにイアソンとのあいだにできた子を殺すのだが、愛のために父も弟もすて、あるいは殺してきたメデイアに、イアソンから嫌われたらもう何も引きとめるものはないのである。メデイアは「別れる女」だった。親子のしがらみを切り捨てて、イアソンとともに逃れた。いま、そのイアソンとも別れるべく、イアソンの子を殺すのである。このあと、メデイアは竜の牽く車を呼びよせて、それに乗って空を駆けて逃げ去る。

2 ギリシア神話の愛の形

ギリシアの壺絵ではディオニュソスの信女が巨大な男根をかかえて歩く様子を描いたりする。そのような祭礼があり、そこでは、抑圧されていた女たちが、自由な愛を求めてエクスタシーにふけった。ファロスに翼がはえて飛んでゆく絵を描いた皿なども土産物屋に並んでいる。しかしギリシアでも、それを愛の形だというものはいない。

a 黄金の雨

ゼウス（ユピテル）に愛された女の話ではエウロペ、レダ、イオ、ダナエなどがある。ダナエは黄金の雨となったゼウスに愛されたとされ、絵では天から黄金の雨がふってくるのを衣の裾で受けとめる図柄で描かれ、相手のゼウスの姿は描かれない。すなわち、太陽の光線をあびて妊娠する「感精神話」の図柄で、神話では各地にあり、日本でも日光によって赤玉を生んだ話からはじまる天日槍神話がそれだし、高句麗では誰も入れない部屋に閉じ込められた柳花に日光がさしこんで朱蒙を生んだ話だが、絵画ではあまり例がない。むしろ図柄ではマリアの処女懐胎で、精霊がマリアの腹にさしこむものが同様の図柄になる。ただ、このふたつは同じようでも見た感じはまるで違う。黄金の雨のほうは雨というだけに、あるいは黄金であっても、物質的な感じだが、処女懐胎の精霊は細い金の筋であったり、あるいは光の帯であってもあまり質感のない精神的なものである。また、受胎するマリアも少なくともフラ・アンジェリコの絵（206頁）では清楚で、その表情も厳粛である。たいして、ダナエのほうは誰の絵でも、姿勢も足を広げ、胸もしどけなくはだけ、あおむいた顔は恍惚としている。聖画、あるいは聖像でもベルニーニの手になる聖テレサの恍惚では性的な恍惚ともみえる表情が描かれるが、それでももちろん神の愛をうけた恍惚であり、人の世の愛のよろこびであってはならない。ベルニーニがどこまで、その精神性、あるいは神の愛の神秘を描ききったかが問題で、また一方、フラ・アンジェリコらの受胎図では、もうすこし精霊を受胎する場面に神秘的な愉悦の表情を描いてもしかるべきで

ヤン・ホッサールト《ダナエ》1527年
ミュンヘン、アルテ・ピナコテーク

ある。そしてダナエにおいては、たんなる「黄金の雨」という性戯にふける女の顔ではなく、ゼウスの雷撃をうけるセメレーのような神霊にふれる女のよろこびと苦悶との表情がほしい。神に愛された女はセメレーのように焼きころされるか、イオのように地の果てまでさすらい続けるか、しなければならないのである。しかし、神の愛が「黄金の雨」という象徴的な形だけで、神そのものが姿をあらわさない場合は、別に愛と死が隣り合うわけではない。

教会のドームはサン＝ピエトロのように往々にして天辺があいていて、そこから月光も雨もふりそそぐ。床には天の水をうける池や井戸があって、天と地が雨水によってつながり、星であれば、天の星がドームの下の井戸に映る。右頁のホッサールトの《ダナエ》では、あたかもドームの屋根に穴があいていて、そこから天の雨がふりそそぐようである。ダナエはしどけない様子ですわって、その雨を裳裾に受けとめている。

ティツィアーノの《ダナエ》はエルミタージュ、プラド、ナポリ、ロンドンなどにある。ナポリのものはかたわらにクピドがいて、天空の雲間から金の水滴、あるいは花弁のようなものがふってくる図柄である。プラドのほう（202頁）は雲間からあざやかな光線がさしこみ、それを傍らの人物が衣をひろげて受けている。この場面にいても不思議のない人物としてはダナエの父親アクリシオスぐらいである。しかしこの絵に描かれた人物はどうみてもアクリシオスではない。一般に幽閉されているダナエの身のまわりの世話をしていたはしためとも思われているが定かではない。アクリシオスはダナエの生む子が彼を滅ぼすであろうという神託を恐れて、親子を箱に入れて海に流すのである。そのために、ダナエの様子をうかがって、もし子が生まれるようなら、すぐにそれを奪って水に流すように

ティツィアーノ・ヴェチェリオ《ダナエ》
1553-54 年　マドリード、プラド美術館

コレッジオ《ダナエ》1531 年
ローマ、ボルゲーゼ美術館

ジョヴァンニ・バティスタ・
ティエッポロ
《ユピテルとダナエ》1736 年頃
ストックホルム、国立美術館

左：コレッジオ《イオ》1531年頃
ウィーン、美術史美術館

下：ベルニーニ《聖女テレサの法悦》
1646-52年　ローマ、サンタ・
マリア・デッラ・ヴィットーリア聖堂

命じられている人物かとも思われる。

ティエッポロの《ユピテルとダナエ》(202頁)でもベッドのわきに何者とも知れない人物が描かれる。ダナエをユピテル(ゼウス)が愛するときに第三者が必要である理由がわからない。ここではめずらしくユピテルの姿が描かれ、「黄金の雨」がまさに神の股間からしたたっている。ただ、それをダナエが直接うける形にはなっていないが、ユピテルの姿勢と顔つきは、ダナエを見て思わず欲情して、精をたらしてしまったという感じである。その股間からしたたるしずくとは別に空中に金貨が数枚舞っているという解釈もある。

コレッジオの絵(202頁)ではダナエの姿勢や衣服はきわめて淫らで、まさにユピテルの愛を心身ともに受けとめようとしているようにみえる。

同じコレッジオが描いた《イオ》(203頁)では、ユピテルが黒雲になってイオを包みこむ。イオは恍惚たる表情をうかべる。黒雲が女を抱きしめるというのは、中国や日本ではそのなかに龍神がいて、日本なら足柄山の山姥が山頂で昼寝しているのを雲にのって通りかかった龍神が見て欲情して交わった話を、中国なら、川のほとりで、沐浴していた少女が黒雲のなかにあらわれた龍に愛されて、体中、べたべたする液にまみれて気を失っているのを発見されたという話を思わせる。

イオはこのあと、ユノ(ヘラ)の嫉妬の餌食になって、牛の姿で、地の果てまでさまようことになる。ある意味では神に愛されたのがとんでもない災難になるのである。そこまでいかないうちの神に愛されている女の表情は聖女テレサの恍惚をも思わせる。

ベルニーニ作《聖女テレサの法悦》(203頁)は、ローマのサンタ・マリア・デッラ・ヴィットーリア聖堂の名高い彫刻である。「黄金の雨」がここでは天からさしてくる黄金の光線として描かれる。

フラ・アンジェリコの有名な《受胎告知》（206頁）でもマリアには「黄金の雨」がふりそそいでいる。精霊を白い鳩であらわす場合もあり、また天地のお告げを百合の花などであらわす場合もあるが、フラ・アンジェリコのこの絵では天からさしこむ光線が彼女をはらませていることは明らかである。コルトーナ司教区美術館のほぼ同じ構図の絵（206頁）では光線のかわりに天使が三筋の黄金の言葉で受胎を告げている。また上空には精霊の鳩がいる。どちらでも左端には楽園を追われるアダムとイヴがいて、足下には禁断の果物が落ちている。そちらが肉体の愛で、マリアのほうは無原罪の懐妊である。サン・マルコ修道院の第三室の《受胎告知》（206頁）はずっと厳粛な様子で、「愛」といった観念には遠い。たしかに精霊が光になってさしてきてイエスをみごもったとき、マリアがなんらかの「よろこび」を感じたという証言はない。むしろ大変なことが起きたというところであろう。

クリムト（207頁）の「黄金の雨」はダナエの股間にへばりつく粘液のような感じで描かれる。原画ではあざやかな金色のようで

ミケランジェロ・ブオナローティ
《夜》1526-31 年
フィレンツェ、サン・ロレンツォ聖堂

ミケランジェロ・ブオナローティ
《レダと白鳥》エングレーヴィング
ロンドン、大英博物館

フラ・アンジェリコ《受胎告知》1430-32 年頃
マドリード、プラド美術館

グスタフ・クリムト《ダナエ》
1907-8 年　ウィーン、ヴュルトレ画廊

エゴン・シーレ《ダナエ》
一九〇九年　個人蔵

前頁下右：フラ・アンジェリコ《受胎告知》
一四三三・三四年頃
コルトーナ、司教区美術館

前頁下左：フラ・アンジェリコ《受胎告知》
部分図　一四三八・四六年
サン・マルコ修道院

ある。これはミケランジェロの描く《レダと白鳥》（205頁）で、白鳥がレダの股間に羽根をおしつけている図柄を思わせる。

エゴン・シーレもこのクリムトの絵と同じ姿勢のダナエを描く（207頁）ミケランジェロの描いた彼女の姿勢は《夜》（205頁）などの寓意像の女性のそれと同じだが、鳥類や動物との交合図としては自然である。ホッサールトらの描く、股をひろげてすわっている姿勢は「黄金の雨」をうけるにはふさわしいが、男女交情図としては不自然である。マリアの受胎告知ではそのような肉体的な交わりを暗示する構図はみられない。

b アンティオペ、あるいは眠れる美女と牧神の午後

十六世紀のフォン・アーヘンの描く絵は（210頁）、はたしてユピテル（ゼウス）とアンティオペだろうか？ 女は美しく、男は醜い。ユピテルはサテュロス（ファウヌス）に化けて、女を誘惑しにきたのだという。天空の大神の風情がなく、よく見れば毛のはえた山羊足をしているのかもしれない。それ以上に女の豊満な身体を抱く左手は細く老いさらばえているようにも見える。一見、「美女と死」のようでもある。そうではないことは左にクピド（エロス）がいることで知られるが、このクピドも異様である。ふつうのクピドはまるまると太っていて、もちろん愛くるしく描かれる。このクピドは痩せ型で、短い髪が逆立っている。その右手がなにかを指差している。左足も大きく踏み出して、なにか危急を告げているようでもある。女のほうも左手をクピドの右手と同じ方向に伸ばし、なにかを指し示している。なにを彼女は指しているのだろうか。いずれ生まれる子供たちを見守って欲しいと

頼んでいるのか、そこではまだ来るべき運命も、誘惑者の素性も知らず、たんにここではなく、むこうの一目につかないところへ行って床をともにしようといっているのか、いずれにしても、手籠めにあっているのではなく、ある種の威厳をもってサテュロス姿のユピテルをたしなめているようである。このあと、不義の子を孕んだというので、父親に追放され、彼女を追ってきた叔父に捕らえられ、その妻の奴隷になった。子供は双子だったが、キタイオン山に捨てた。ユピテルに愛された女としての幸せはつゆほども知ることはなかった。

このユピテル（ゼウス）とアンティオペの画題ではヴァン・ダイクの作品もあるが（211頁）、そこでは眠っている女をサテュロスがのぞき見、いたずらをしているように描いている。「サテュロスと眠るニンフ」の図柄である。アンティオペは要するにサテュロス＝ユピテルにおもちゃにされたので、ゼウスは彼女が眠っていることをいいことに、そのまま立ち去っていったという解釈だろう。そうでもなければ、その後の女の不幸が理解できない。似た構図ではヴァトーも描いている（211頁）。ユピテルに誘惑されたために、のちのち苦難の生涯をおくるのはイオの運命でもあるが、これもコレッジオの絵（203頁）では黒雲に化けたユピテルがイオをだまして犯している。姿を見せずに犯して、あとは知らぬ顔をするのである。男の好きごころが女を一生不幸に突き落とすのである。

これらのアンティオペの絵でよくわからないのは、ユピテルがなぜ、サテュロスに化けているかということである。寝ている女を犯すのに変装の必要もなさそうだし、ユピテルの場合は、アポロンなどとちがって、相手に逃げられることはない。あるいは正妻のユノ（ヘラ）の目をごまかすためだろうか？　しかし、これが寝ている女を強姦する話ではなく、合意の愛、あるいは神子を授ける神婚に

上：ハンス・フォン・アーヘン
《ユピテルとアンティオペ》
一五九八年　ウィーン、美術史美術館

下：ジャン＝オーギュスト＝ドミニク・アングル
《ユピテルとアンティオペ》
一八五一年　パリ、オルセー美術館

上：アントワーヌ・ヴァトー《ユピテルとアンティオペ》1715年　パリ、ルーヴル美術館
下：アントーン・ヴァン・ダイク《ユピテルとアンティオペ》17世紀前半ヘント、市立美術館

なるのは、クピド（エロス）が傍らにいることで知られる。双子が生まれるのはレダの場合と同じで、ユピテルの神威をあらわしているともみられる。しかし、いかにクピドに見守られている愛でも、その結末は不幸である。

もうひとつは、なぜアンティオペが森で裸で寝ていたかで、森の泉で水浴をした後、疲れてまどろんでいたという説明があってもいいが、絵では泉は描かれない。

サテュロス（ファウヌス）は、バッコス祭の信女たち、あるいはニンフなどを、寝ているのをいいことにいたずらをしたりするのが習慣で、これも神のはしくれだから、なにをしても罪には問われないのだが、今の世の中なら強姦罪だの、迷惑条例だの、セクハラだので訴えられるところである。

サテュロスやファウヌスは牧神ともいうが、それより性神で、葦笛を奏でながら、昼下がりの山野にあらゆるものの心に放逸の念をふきこむ。その音を聞くと、男女をとわず、みな色気に狂ってたがいに抱きついたり、相手がいなければ木々を抱きしめたりする。マラルメはそのテーマに触発されて『牧神の午後』を描き、ドビュッシーが音楽にした。

その淫欲の興奮は、多くは森の中で展開する。十七世紀には「艶なる宴」と称して、林間空地に宮殿の男女がくりだして恋愛遊戯をおこなった。『ボヴァリー夫人』でも小説的な恋愛遊戯をためしてみるときは森へいった。『クレーヴの奥方』の恋もクロミエの森がなかったら実現しなかった。

c アリアドネとバッコス

フランス風の宮廷恋愛にはどうも本当の愛はないようである。すくなくとも雷撃をうけたような一目ぼれとか、人目もかまわず抱きつくといった愛の激情はあるべくもない。最初から役柄の決まった演劇的なカップルのはずで、小山に座った女をなんとか立たせてともに愛の島へ行こうと誘う男たち、《シテール島への船出》(232頁)、そこにはむしろ祭りの日の猥雑なにぎわいが見られても、しめやかな愛の口説きの雰囲気などはみじんもない。祭りの群衆がいるだけである。

島といえばもうひとつの島、ナクソス島はこれも愛の島ではなく、悲劇の島だが、そこへやってきたバッコス(ディオニュソス)が、捨てられて泣き濡れるアリアドネを見いだす場面をティツィアーノはやはりにぎやかな祝祭の雰囲気で描きだす(214頁)。この絵はどうにも異様で神々の結婚の中でももっとも美しいと思われるバッコスとアリアドネの出会いを描いたにしては騒々しい。にぎやかなバッコス祭の群衆や歌い踊るマイナスたちを従えて、豹のひく車に乗ってやってきた神がアリアドネに出会う場面という設定だろうが、バッコスがナクソス島にやってきたのは商人に扮して船に乗ってであり、その途中、船乗りたちに身ぐるみはがれそうになって、神の正体をあらわして、船乗りたちを撃退したときのこととされる。であれば、神は一人で船に乗っていた。それにルネサンスの画家たちがバッコスを描くときは、奇妙な思い込みがあったようで、ミケランジェロのバッコスのごときは女性的な様子で描いた。ここでもティツィアーノが描くバッコスは神らしい様子をまったくもっていない、ただのお調子者の青年のようである。ほかの絵ではアリアドネが死んで横たわっているところへ通りかかった神が足をとめる様子で描いたものもあるが、それも神一人ではなく、伴回りを従えている。ゼウスやアポロンは神ひとりを描くのがふつうで、なぜバッコスだけにぎやかな伴回りを従えるのかわからない。狂乱のバッコス祭を司祭する神とされていたのはたしかだが、アリアドネと出会っ

ティツィアーノ・ヴェチェリオ
《バッコスとアリアドネ》1523 年頃
ロンドン、ナショナル・ギャラリー

レニ・グイド
《バッコスとアリアドネ》1619-21 年頃
ロサンジェルス、カウンティ美術館

ル・ナン兄弟《ナクソス島でアリアドネをみつけるバッコス》
1630 年　オルレアン美術館

カルロ・アルバキーニ《バッコスとアリアドネ》一八〇七年頃
マドリッド、サン・フェルナンド王立美術アカデミー

《ディオニュソスとアリアドネ》
アッティカ派赤絵式萼形クラテル
前 400-375 年頃
パリ、ルーヴル美術館

たときは、もうすこし静かな雰囲気だったように思う。

神の性格も時代とともに変わってくる。ギリシア神話のディオニュソスは、ローマ時代はバッコスとして酒の神とされ、バッコス祭の馬鹿騒ぎの神となった。ギリシアでもアンテステリエ祭で、演劇のコンクールをやるのを主宰して、演劇の神と奉られたが、本来はヘラによって迫害され、インドまで逃げて行った青年神である。母親はセメレーだが、彼を生む前に死んでいる。母を知らない子供だった。「バッコスの教育」などという絵では、のちに彼の眷族となる半獣神たちがおさな子に酒の大杯を飲ませたりしている。アリアドネに会うまでは浮いた話もなく、海に突き落とされたときは海の女神テティスに抱きとめられ、その宮殿で、心をなぐさめられた。父もなく、母もなく、住むところもないさみしい神である。捨てられたアリアドネを見て、似たもの同士が惹かれ合う。ゼウスが人間の女を愛するときのような暴力性や動物性はない。きわめて人間的な愛情をふたりのみなし子がともに抱くのである。

ル・ナン兄弟の《ナクソス島でアリアドネをみつけるバッコス》(215頁)はティツィアーノほど騒々しくはないが、まだふたりきりの出会いではない。のちの彫刻だともうすこし穏やかにふたりきりで愛し合う様子が描かれる(215頁)。古代ギリシアの壺絵(215頁)などでは、にぎやかな伴回りとともに盛大な婚礼をあげている様子などが描かれるが、ディオニュソス(バッコス)という神の性格と、アリアドネとの出会いの意味についての、二通りの解釈があったものと思われる。ディオニュソスに人間的感情をみとめるかどうか、捨てられていたアリアドネに、ひたむきな愛の殉教者を見るか、それともただの泣き濡れた女を見るかだ。

一説によると、テセウスはアリアドネがディオニュソスに約束された女であり、やがて女神になる定めであることをお告げによって知って、あえて、身をしりぞいて、アリアドネをディオニュソスに捧げたのだともいう。あるいは、ナクソス島で眠り込んだアリアドネにお告げがあって、まもなく来る神を待つようにというので、テセウスに別れを告げてひとり島に残ったともいう。さらにもうひとつの解釈では、アリアドネは悲しみのあまり死んで横たわっていたところをディオニュソスに発見され、冥界から呼び戻されたともいう。

婚礼の宴の場面を描いた、赤絵式アッティカ風酒杯（215頁）のディオニュソスは若づくりだが、すでににぎやかなディオニュソス祭を主宰する酒神の風貌があり、祭式の参加者が手にするチュルソを持っている。アリアドネはティアラをつけ、もろ肌脱ぎで、神に嫣然と笑いかけている。このあと、ギリシアの神々の世界でもっとも模範的なカップルになる。

ディオニュソスとアリアドネでは、一緒に仲むつまじく馬車に乗ってオリュンポスへむかう様子を描いた壺絵もある。ギリシア時代はかならずしもディオニュソスが狂乱の女たちや、サテュロスなどを従えて山野をかけめぐる神とばかりはとらえられていなかったと思われる。狂乱のバッコス祭においては、「愛」などという感情は生まれなかっただろう。またそれは性的オーギアでもなかったようである。女たちが、乱舞し、髪振り乱して山野を走り回り、獣たちを手当たり次第つかまえて、素手で四つ裂きにしてむさぼり食ったとはいうが、性的要素は少なかったようである。

捨てられたアリアドネに対し、ティントレットの《ウェヌスによって冠を与えられるアリアドネ》では神になるアポテオーズ（神化）が描かれる（218頁）。ウェヌスが王冠を与えている。ここではアリ

ティントレット
《ウェヌスによって冠を与えられるアリアドネ》
1578年
ヴェネツィア、パラッツォ・ドゥカーレ

アドネがすでに神になっており、ディオニュソスが彼女の愛を求める内気な少年のように描かれる。

　アリアドネが死んでいたという話では、死後の婚礼になる。ただし、ディオニュソスはこの世とあの世を往復する神で、冥界の王ハデスにたいしても力をふるえる神だったから、のちには、彼を生んで死んだセメレーを冥界から救い出して天にあげることができた。ここでも、ナクソス島で死んでいたアリアドネを冥界まで探しに行って生き返らせたかもしれない。それは神の子でも人間であったアキレウスとの違いで、アキレウスはトロイ戦争のさなか、アマゾン族の女王ペンテシレイアを戦場で打ち取ったが、冑をはがしてみて、彼女の美しさに夢中になった。しかし、彼には、みずから手にかけた女を生き返らせる方法はなかった。

　イランの『王書』ではロスタムの子ソフラーブが白城の騎士と一騎打ちをし、馬上からおとすが、そこで相手が美しい女であることに気づき、その美しさに籠絡されてしまう。美しき女戦士の話も各地にあり、勇士と戦って、敗北

エクセキアス
《ペンテシレイアを殺すアキレウス》
黒絵式アンフォラ
前540-530年頃
ロンドン、大英博物館

するが、その美貌で相手を征服する。美しき女戦士の元型は武装して生まれたアテナかもしれない。

d ピュグマリオンとガラテア

ギリシア神話では、ゼウスが黒雲になってイオを犯したが、彼の妻ヘラに恋慕したイクシオンにはやはり黒雲でヘラそっくりの女をつくって与え、それと交わったイクシオンを見て、ゼウスは彼をタルタロスへ落とした。イクシオンと交わった雲からはケンタウロスの始祖が生まれた。その種の創造物との愛はピュグマリオンの話にも出てくる。理想の女に巡り会わなかったピュグマリオンは大理石を彫って、思う通りの美女をつくりあげ、自分でつくった作品に惚れた。ウェヌスがそれをあわれんで、彫像に命をふきこんでやったので、彫像はガラテアとなって動き出し、ピュグマリオンと結ばれた。日本では吉祥天女の像に惚れた僧の話があるし、彫像、画像が動きだす話は幻想文学の好個の主題である。愛の対象であれ、信仰のそれであれ、現し身の肉体である必要も、荘厳な金箔塗りの銅像である必要もない。板切れ一枚でもいいのである。それを思う人のかたみとも、よりしろとも思えば、それをしっかりと抱いて思いをとげることができる。プリュギアの大女神キュベレの本体は一個の黒い石で、あるとき天から降ってきたとも大地からわきだしたともいう。人の姿であらわれるのは仮のまぼろしで、ご神体は黒石である。ローマがフェニキアと戦うときに天助を願って女神を招来したときも、黒い石そのもので、それを港まで出迎えたローマの貴婦人たちが手から手へ渡して、神殿へ祀ったという。その結果はまさかの大勝利で、以来ローマではキュベレ信仰が熱烈に燃えあがった。

エティエンヌ＝モーリス・ファルコネ
《ピュグマリオンとガラテア》
1763年　パリ、装飾美術館

3 この世の愛

抽象的、観念的な「愛」ではなく、地上の、とくに男女の愛を考えたときも、やはり精神の愛と肉体の愛があり、天上の愛と地獄の愛がある。地上の人間も愛においては天の愛をあこがれるのである。

a 聖愛と地上の愛

名高い《聖なる愛と俗なる愛（天上の愛と地上の愛）》（225頁）だが、ウェヌスが天と地と、さらに地下にいて、三体で一つの神格を構成していたという神話学から出ている。天の神は衣服を必要とせず、裸である。地上の女は豪華な衣装を身にまとう。ただ、この女は地上の女といっても高貴な女人というよりは、娼婦という感じがある。三人目の地下のウェヌスは描かれてはいないが、黒いウェヌス、あるいはヘカテのようなものともいわれる。冥界の死の女神である。エロスのほうは、エジプトのホルスもそうだが、原初のエロスと後代のエロスがいて、別神格とされる。さらに、その後代のエロスに、ウェヌスとマルスの間に生まれた双生児の兄弟がいるというのがルネサンスの神話学で、その兄弟をアンテロスといった。そしてエロスが三格ならウェヌスも三人だろうとされたのと、天上の愛と地上の愛、それに地下の、あるいは死後の愛があり、それぞれにその愛を司る女神がいるというところから、三格のウェヌスが想像されたのだが、そもそもウェヌス＝愛というのが、ローマ時代以降、とくにルネサンスの考えで、本来はウェヌスの前身であるアプロディテ、あるいはアスタルテには、「愛」の要素はそれほど濃厚ではなかった。それより、天の女神が冥界へくだった話がイナンナの地獄くだり以来あり、ペルセポネもハデスに連れ去られて地獄の女神になっているとともに、一年の半分は地上で過ごすことになっている。その場合、地獄における女神と地上における女神は同じ顔、同じ機能をもっているのではなく、別の神格、あるいは同一神格でも別のあらわれではないかと思われたのであろう。ハデスの后のペルセポネには美や愛といった性格はほとんど見られない。地上では美の三女神を従えたり、花の女神フローラを従えたりし、はなやかな雰囲気があり、愛と美そのものではないはずながら、それに近い女神と考えられる。これはボッティチェリの《プリマヴェラ》(225頁)で明らかで、ここでプリマヴェラ＝春とされた女神は明らかにウェヌスで、クピドの母であり、マルスの情人で、カリスたちやフローラを従えた神である。そのほかにウルカヌス、あるいはヘーパイストスの后としては地下の鍛冶場の女神のはずで、ほとんどそんなところにはいないとしても、その本来のすまいは天上でもなければ、地上の花咲く野原でもなさそうである。さらに、トロイ戦争のときなどは、天空から地上の戦いの様子を見て、ヘレネ方、すなわちトロイの形勢に一喜一憂しているし、アキレウスとヘクトールが一騎打ちをするようなときは、アプロディテは雲間から下りてヘクトールを雲で囲んで見えなくしたりもした。つまり、それはど「天の神」というようなおごそかな、かつ超然とした存在ではないものの、天空に展開する神であることはたしかで、それと地上で、愛をひさぐ女たちを保護する女神、あるいは地下の鍛冶場のヘーパイストスのかたわらによりそう女神は違うようにも思われる。さらに、ペルセポネと同一化はしないまでも地域によっては地下の女神としてアプロディテを崇拝するところがあり、黒聖母のような黒い女神とされたりするのである。

なお、このティツィアーノの図では、左手には地上の権力をあらわす城館が描かれ、右手には精神世界の権威をあらわす教会が描かれるが、教会に古代教の裸の女神があらわれると困るだろう。ちなみに中央にはプットがいて、泉の水をかきまわしているが、この「泉」は石棺のようにも見える。事実、その壁面に描かれているのは戦闘の光景で、倒れて地に伏しているものもいるのである。これが泉であるらしい様子や、流れ出る水などはすこしも描かれていないのである。これが泉であり、水をあらわしているのであれば、天の女神が手にしている火の壺は「天の火」をあらわしているとして、地上の愛が水であらわされることになる。天の女神が火を持っているというのは、天の神すべてに共通する要素で、火あるいは光は天からふってくるものであり、天の神々はその天の火を管理するものだという思想だろう。ソドマの《神聖な愛の寓意》でも、アテネ風のかぶりものをかぶった女神が祭壇にもえる火を脇のもうひとつの祭壇に分けたのち、水を注いで消しているところが描かれる。天の神は火をもつ。その神が愛を司る時も、火によってあらわされる。愛は火である。不適当な情欲の焔は女神が水を注いで消す。ここでは、天の神、地の神のほかに、地下の神もいることが、火と水と石棺によってあらわされている。

ソドマ《神聖な愛の寓意》
シエナ、キージ・サラチーニ・コレクション

イタリア風の愛の理解は《プリマヴェラ（春）》（225頁）にあらわされるだろう。目隠しをしたクピドが空を飛んでいる下にいるウェヌスはここでは花さく春の生命と愛の祝祭を司る。ヘルメスが死を司る。三美神はまるで人生のロンドを踊っているようである。ゼピュロスもフローラの変身を成就さ

ティツィアーノ・ヴェチェリオ
《聖なる愛と俗なる愛（天上の愛と地上の愛）》
1515 年頃　ローマ、ボルゲーゼ美術館

サンドロ・ボッティチェリ《プリマヴェラ(春)》
1482 年頃　フィレンツェ、ウフィツィ美術館

せるより、ニンフ、クロリスの死をもたらすかのように、鉛色の恐ろしげな顔をしている。「プリマヴェラ」といいながら、冬と春、死と愛が同時に描かれているともみられる。

この絵を美神の祭りのように見るのは間違いだろう。木々に果物がなり、地に花が咲きそろう春に、クロリスが西風をうけてフローラになり、三美神がロンドを踊りはじめる。彼女たちは回転しながら、時と季節をめぐらせる。すなわち季節の三女神ホーライとその職務を共有するのである。というより、フローラが眷族であるホーライの季節の踊りを導くといったほうがいい。それを愛の女神が見守っている。彼女も美の女神でもあるが、頭上にクピドが飛んでいることでわかるように、ここではまず愛の女神としてあらわれている。万物復活の春に花咲き季節がめぐる奇跡が愛の原理によって実現する。クロリスがフローラになり、カリスがホーライになる時のめぐりの場面なのである。あえていえば、愛の原理が春の開花と実りと、季節のめぐりの奇跡を実現する。それを西の空に導いてゆくのがヘルメスで、ゆくさきは天の雲間である。

北方とイタリアの違いでいえばファン・エイクの描いた《アルノルフィーニ夫妻の肖像》(228頁)は一世紀前だが、イタリアでは決して描かれなかった光景で、現実の生活でもあろうが、愛の形而上学ではないのは間違いない。一般には結婚式の絵とされるが女は妊娠している。これを北方風の「愛」の絵とするなら、まずイタリアとちがって野外ではなく、室内であり、南ではほとんど裸に近い薄物をまとっただけの人物たちが、こちらではあたたかそうなマントに身をくるんでいる。そして浮薄な愛のよろこびより、堅実な子生みや財産づくり、物質的な豊かさに裏打ちされた平和な夫婦生活が強調される。

これはいかにもひと昔もふた昔も前の新婚の夫婦だが、この画面の下に描かれた犬がなにをあらわすのだろう。ヘントの祭壇画の聖なる仔羊は神の愛をあらわしているというが、男女図に出てくるむく犬はおおむね、男女のあいだをとりもつように見える。シャガールの絵でも小動物が象徴的にでてくるが、たとえば、初夜を描いた絵では狐が幽霊とともに描かれる。

その狐と幽霊はたとえばゴーギャンの《処女の喪失》(228頁)の雰囲気にも通ずるところがある。横たわる裸の少女の胸のところに狐のような顔の犬がいる。これが失われた「処女性」をあらわしているのかどうか、ゴーギャンの象徴世界はむずかしい。ふつうなら処女を奪った男がその狐であるように受け取られる。凌辱者を狐があらわすともいう。が、狐が娘を支配し、愛情関係をもっているようにも見られる。犬であれば、このように胸に手をのせた姿勢は自分のものという所有権の主張である。あるいはピエロ・ディ・コジモの描いた《プロクリスの死》(229頁)もある。死んだ女の死体を犬が悲しげに見守っている。牧神が彼女の頭をやさしく愛撫する。

ほとんど裸のプロクリスは夫のはなった投げ槍にあたって死んでいる。夫はいつものように狩りに出かけた。プロクリスは、狩りを口実に夫が森で情婦とあうのではないかと、そのあとをつけた。その気配を感じた夫は、獲物と思って槍を投げた。これもプロクリスが贈り物にした、決して的をはずさない魔法の槍である。槍はプロクリスにあたった。その現場で、死んだニンフを看取るのは森の精霊である牧神であり、夫婦の飼っていた魔法の犬である。この犬も決して獲物を逃さない犬だった。いまも投げ槍のささった「獲物」のところへまっさきにかけつけた。そこに倒れていたのは、彼、犬の最初からの主人だった。この魔法の槍と犬はミノス王がプロクリスに与えたものだった。ミノス王

ピエロ・ディ・コジモ《プロクリスの死》
1495年　ロンドン、ナショナル・ギャラリー

サンドロ・ボッティチェリ《ウェヌスとマルス》
1484年頃　ロンドン、ナショナル・ギャラリー

前頁上：ヤン・ファン・エイク
《アルノルフィーニ夫妻の肖像》1434年
ロンドン、ナショナル・ギャラリー

前頁下：ポール・ゴーギャン
《春の目覚め（処女の喪失）》1891年
ヴァージニア州 ノーフォーク、
クライスラー美術館

は后パシパエの呪いをうけて、ほかの女と交わろうとすると、その精液が蛇やサソリになって、相手を殺すのだった。ワギナ・デンタタの反対だが、プロクリスは魔術に通じていて、その呪いを無効にする薬草を知っていた。しかしパシパエの嫉妬をおそれたプロクリスはそこを逃げ出してもとの夫ケパロスのところへ戻った。多情な女だったようだが、彼女の奔放な愛を受け入れることができたのは、ケパロスではなく、森のサテュロスだったかもしれない。すくなくとも、この絵でプロクリスの死を悼んでいる犬とサテュロスの悲しみは、本当の愛から出ているように見える。ケパロスは姿を見せない。

ボッティチェリの描いた《ウェヌスとマルス》(229頁)を見てみよう。裸の女と着衣の男を描いた絵としては、のちの時代のフランスの印象派の絵画やそれに先行するロココの「艶なる宴」がある。たとえば、庭園におかれた裸の女神の像の下に恋する男があらわれてセレナーデを奏でたりする。女神像ではなくとも室内の女はベッドから肌もあらわな姿で窓べに寄ってくる。しかし、その男女の関係はイタリアの美術では逆になる。十九世紀のマネ《草上の昼食》では裸の女がフロックコートを着た男たちと一緒にいるが、ボッティチェリのこの絵ではマルスは裸で、ウェヌスは薄物ながら一応衣をまとっていて、胸も衣服で隠している。この絵は明らかに男女の性愛のあとのけだるさを描いたものだが、男がだらしなく寝ているのに対し、女はきちんとした身だしなみで男のほうを批判的、冷笑的な目で見ている。愛神の使い神であるプットたちもマルスの鎧兜をおもちゃにして遊んでいる。マルスに対する敬意といったものはかけらもない。ウェヌスとプットたちの関係はここでは不明だが、プットたちが複数に分岐したクピドであるならウェヌスの子供である。どちらにしてもこの、男神を小馬鹿にしてたわむれている子供たちはウェヌス側であろう。あるいはこのふたりの男女の交情の場には実際にはいない単なるアレゴリックな存在であっても、やはりそれはウェヌスの感情をあらわしたものだろう。浮気で多情な女神は情事のあとで、疲れ果てて正体もなく寝ている男をできたらゆり起して、もう一度でも愛を確かめたい。マルスの耳に法螺貝をあてておどかしているプットーたちのいたずらをウェヌスは叱りもしないでいる。ここには「愛」はなく、情事と、情事のあとの倦怠があるだけである。

b 艶なる宴

ドイツ風、イタリア風の愛の表現とフランス風の愛の表現はやはり異なっている。フラゴナールの描く宮廷風野外遊楽図、すなわち「艶なる宴」や、ヴァトーの《シテール島への船出》（232頁）などにはいかにも祝祭的雰囲気、あるいは宮廷的雰囲気が横溢している。最初の《恋文（愛の打ち明け）》（232頁）は宮廷の庭園で女をくどく男の様子だが、女はかたわらの女神像と同じように大理石の台座に腰をおろしている。男はその女にあたかも本物の女神像にたいするようにうやうやしく、手をとってその手にくちづけをしている。腰はブロンズィーノの《愛のアレゴリー（快楽と欺瞞）》（180頁）のクピドのようにひかれている。思いつめて女に抱きついてかきくどくというのではなく、あくまで宮廷恋愛の品位ある作法にしたがって、恋文を持参して読ませながら、かたちだけ愛の打ち明けをするという図である。つぎは《シテール島への船出》と題された作品である。宮廷の庭園の池にある島を愛の島シテール（キュテラ）島と見立てて、そこへ「艶なる宴」につどった宮廷男女が束の間のカップルになって、

ジャン＝オノレ・フラゴナール
《恋文（愛の打ち明け）》一七七一-七三年
ニューヨーク、フリック・コレクション

ジャン＝アントワーヌ・ヴァトー
《シテール島への船出》一七一八-一九年
ベルリン、シャルロッテンブルク宮殿

愛の巡礼のもどきをしようという。ここにも女神像が右端にたっている。これがウェヌスなら、ここがむしろキュテラ島で、そのウェヌスの島での遊楽、あるいはウェヌス詣でである。これから船出をするのではなく、いま船で島に着いたところかもしれない。『ポリュフィルスの夢』なら、キュテラ島のウェヌスの神殿へ詣でれば、愛の巡礼者たちは彼らの愛をかなえられる。しかし、ここはイル・ド・フランスのヴェルサイユの近くで、ただの庭園の池に浮かぶ島をキュテラ島に見立てただけだから、そこへ行ったら、彼らの愛が神によって祝福されるというようなものではない。それでも、その「聖なる島」の木陰で、宮廷の男女のみそかごとが繰り広げられはするだろう。

c 愛のアレゴリー

一角獣の貴婦人のタピスリーは六枚で、視覚、触覚、聴覚などの五感とそのまとめとしての、《わが唯一の望みのために》(234頁)がある。一角獣が騎士をあらわしていることは明らかで、ここではその一角獣の騎士が旗印をかかげて、貴婦人に忠誠を誓っている。貴婦人のほうは宝石箱にネックレスを入れようとしている。騎士の願いを聞きとどけた印の贈り物である。騎士は貴婦人からもらったハンカチやネッカチーフ、あるいは首飾りなどを身体につけてトーナメントにのぞむ。彼の勝利はその印の品の持ち主に捧げられる。

メムリンクの《真の愛のアレゴリー》(234頁)では、白馬の上には猿が乗っていて、淫欲をあらわし、栗毛のほうは忠実な愛をあらわす。女が手にしているカーネーションは夫婦愛をあらわすとされる。

この猿の乗った馬はフュースリ《夢魔》(235頁)を思わせる。女の上に乗った猿のような怪物はイン

《わが唯一の望みのために》
一角獣のタピスリー　15世紀末
パリ、クリュニー美術館

ハンス・メムリンク
《真の愛のアレゴリー》
二連祭壇画　1485-90年
ニューヨーク、
メトロポリタン美術館

ヨハン・ハインリヒ・
フュースリ《夢魔》
1790-91年　フランクフルト、
ゲーテ博物館

《心の捧げもの》
タピスリー
15世紀初頭
パリ、ルーヴル美術館

クブス、すなわち淫夢魔で、男に取り憑くのはスックブスという。ノディエは『夜の悪霊スマラ』で、悪夢をもたらすものとしてそれを描いたが、バルザックは『淫夢魔』で、八十五歳の老審問官に取り憑いた性の魔、ズルマというサラセン女にインクブスをみた。この絵ではインクブスは眠っている女に取り憑く性夢ないし、女の性的ファンタスムをあらわし、夢にあらわれた欲望の形としてはたくましい馬をもって描いた。つまり夢の中で女を犯すのは馬であり、その一連の淫夢をもたらすのが猿のような怪物である。女の心には馬に犯されたいという性的願望がひそんでいて、その性的欲望自体を可視化すればこんな怪物になる。なお、カゾットの『悪魔の恋』では、性の極致に巨大なラクダの首が窓からのぞきこむ。

つぎはフランス中世のタピスリーで、無名の職人の手になるが、《心の捧げもの》(235頁)である。騎士が捧げようとしているのは心臓である。彼の心を捧げている。スタンダールが『恋愛論』のなかでプロヴァンスの物語として紹介している「心臓を食べさせる話」では、嫉妬深い夫が妻の情夫を殺して、その心臓を妻に食べさせる。その話は中世説話としてよく知られた話だが、ここは自分の心を捧げる寓意だろう。女は手に隼をとまらせている。鷹狩りの光景である。犬は忠実な愛をあらわす。叢にいる兎はウェヌスのシンボルで、愛をあらわしている。中世の狩りは自然のなかで愛を語らう格好の場所だった。

つぎの三点は十五世紀後半に「家庭の書の画家」によって描かれた市井のおかしなカップルの風刺画である。

次頁下の右図は若者と老婆のカップル。この画家は一連の絵で、ミスマッチの例や、238頁のような「不倫」の恋などを描いた。左側の男はそういえばたしかに女たらしらしく見える。右の女は貞淑そうに見えるが、手に持っている野薔薇は不倫をあらわす。

下の左図の男は女の膝に手をかけ、ベッドにいざなおうとしている。足元にある、たらいと水差しは情事のあとの洗浄用である。

つぎは風刺ではなく、きわめて写実的な肖像である。

アンドレア・デル・サルトの夫人の肖像がある（239頁）。漱石が好んだ画家だが、あまり売れなかった地味な画家で、王侯貴族の意をむかえることも潔しとしなかった。そこで、貴顕の男女の肖像もあまりのこされていない。それだけに、表面を飾った描写がなく、あるがままの人間の悲しみを描いたものに心をうつものがある。とくに、この夫人の肖像がいい。画家の女房だが、貧乏画家の女房だから、着ているものも質素である。髪もほつれて、そこに巻いたターバン様のものも台所の手拭きでもあるかのようなありあわせのもののように見える。宝飾品も細い首飾りだけで、化粧もとくにしていない。口紅もしていないかもしれない。眉も薄く、まつ毛もすくなくともつけまつげ

《恋人たち》

《若者と老婆》

家庭の書の画家《恋人たち》
一四八〇年頃
ドイツ、ゴーダ城美術館

アルブレヒト・アルトドルファー
《恋人たち》一五三〇年頃
ブダペスト、国立美術館

アンドレア・デル・サルト
《ルクレチアの肖像（若い婦人の肖像）》
1513-14 年頃　マドリード、プラド美術館

などではなく、目のまわりには生活にやつれたような隈が見える。その目は画家を見ていながら、まるで他人を見るような目である。そしてとくにその唇がかすかにめくれあがったような表情をみせていて、明らかに自分を描こうという画家を笑っている。自分から、肖像を描いてと頼んだものではない。画家が無理に描いたのだ。この冷たいわけではないものの、けっして信頼はしていない目は、明らかに画家の道楽をあきらめて受け入れている目だ。自分の顔なんか描いてもなんにもならない。どうせ売れない絵だ。それでもどうしても描きたいというからモデルになってやっている。いつになったら、この人の絵が売れるようになるだろう。そんなことがあるのだろうか？ というあきらめの顔である。美人に描いてくれるわけでもなく、どうせ、所帯じみた中年女の顔である。別に美人に描いてもらいたいとも思わない。それにそんな才能のある人ではないのだ。不美人の金持ちの年増の婦人の注文で、見違えるような美人を描いて喜ばれるような人ではない。世間的には才能のない、だめな画家だ。しかし、それでも自分はその貧乏画家の妻で、こうして、金にならない仕事の手伝いをしている。これが自分の人生なのだ。これが自分たち夫婦の生活なのだと知っている。しかしその黒ずんだ隈の浮いた右目が批判的なのに対し、まっすぐ画家を見ている左目は、ひょっとしたら、このひとにはなにかいいところがあるかもしれない、という表情をみせている。本当はこの女は夫を愛している。愛しているからこそ、そこで金にならないモデルになっている。セザンヌの女房が、金にならない下手な絵を描きだした夫を見限って国へ帰ってしまったのとは違い、この女はだめな夫のひたむきな情熱を理解はしなくとも許している。画家の師であったコシモの描いたシモネッタの肖像のような、ヴェネツィア一の美女の華やかな美しさなどはない。さみしい、地味な絵だ。そこにしかし、この貧乏画家とそれを支える妻のささやかな暮らしの様子とそこに流れる地味な愛情が読み取れる。この女は貧乏画家を見限って、どこかの金持ちの道楽息子などと駆け落ちをしたりはしないだろう。もっともヴァザーリの証言では浮気で嫉妬深く、弟子たちにはひどくあたったという。画家とこの未亡人ルクレティアの恋とその後についてはミュッセやブラウニングが語っている。画家がフランス王フランソワ一世に呼ばれてパリへ行っていたときは、早く帰ってきて欲しいと手紙を出し、王はフィレンツェから美術品を買ってくることを条件に一時帰国を許したが、ルクレツィアのほうは、パリへ戻ることを許さなかったともいう。アンドレア・デル・サルトの描いた聖母はすべて彼女の肖像だともされる。この女は彼の妻ではないともいう。しかし、金持ちのパトロンではない。この口もとと目つきは、なんとも文学的だ。

アルトドルファー《恋人たち》(238頁)のように、男女の睦みあいが言葉ではなく身体であらわされるとき、まずは手がものをいう。男の手は女の胸もとにしのびこむ。女の手はそれを防ぐのでもなく、受け入れるのでもなく、その次にくるものを期待と不安に揺れながら待っている。ドイツなど十六世紀の北方は農民の世界だった。同じころヴェネツィアやフィレンツェでは金持ちの商人たちの貴族的な退廃趣味が「愛」の形而上学にふけっていた。

ところで、その後の時代の絵でも、女をくどく男の顔にはどこかいやしい感じがつきまとう。その場かぎりの口から出まかせの口説きで、女を征服したあとはどこかへ行ってしまいそうな男たちである。この男の顔がどこかで見たことがあるような気がしてしかたがない。その表情からは、同時代のジョルジョーネが描いた《嵐》で、左端で杖を持って立っている男の顔も思い出される。そこでは嵐

エドマンド・ブライアー・
レイトン
《トリスタンとイゾルデ》
1903 年頃

フレデリック・レイトン
《ロミオとジュリエット》
1853-55 年頃

アリー・シェーフェル
《パオロとフランチェスカ》
1855 年
パリ、ルーヴル美術館

フランシス・バーナード・ディクシー
《ロミオとジュリエット》1884 年
サウザンプトン・シティ・アートギャラリー

の前に裸で授乳をしている女がそれなりに真剣に子供を抱いているのに対して、着物をきた男のほうは早く旅を続けたそうなそぶりで、子供への授乳にはまるで関心がなさそうである。愛の古典の濡れ場を描いた絵にはどれを見ても、たいていは軽薄そうな男が描かれる。女のほうはみな真剣である。

同じことは十九世紀の《ダフニスとクロエ》にもいえるだろう。そこに描かれるものはただの若い男女の語らいで、やがて来るべき別れや試練の前兆などどこにもない。が、その姿勢ひとつをとっても男の方が如何にもいい加減である。

二十世紀初頭のエドマンド・ブライアー・レイトンは、ヨーロッパの愛の文学、あるいは神話の代表的な物語『トリスタンとイゾルデ』を描く（242頁）。横にいるのはマルク王かどうか、いずれにしても、このふたりの禁じられた恋人たちの語らいに対する敵対的存在のように見られる。ハープをもったトリスタンは遍歴の楽人のよそおいで、マルク王の宮廷

右：ジョルジョーネ《嵐》
1505-07 年頃
ヴェネツィア、アカデミア美術館

下：ルイ・エーサン《ダフニスとクロエ》
19 世紀前半
パリ、ルーヴル美術館

にしのびこみ、王妃との密会をはたす。しかし、この絵からは呪われた恋に囚われた宿命のふたりという雰囲気はうかがえない。浮薄な宮廷の宴のあいまに呼ばれた楽人と貴婦人が浮ついた情事を楽しんでいるというところであろう。それでも男の口説きに対して女のほうが悩んでいるようである。この画家はまったく同じ構図で『アベラルドゥスとエロイーズ』を描いている。

もうひとつ、ヨーロッパ文学の愛の形としての典型である『ロミオとジュリエット』も、接吻する男女を描いてもそこに恐ろしい悲劇の予感は見られない（243頁）。こちらの男の姿勢は、露台にかけのぼって、束の間の接吻をしている以上しかたがないとしても、いかにもゆきずりの接吻である。このふたつの絵に出てくる「ひねり柱」については拙著『ヨーロッパの形』で論じた。

いっぽう、フレデリック・レイトンのほう（242頁）は、最後のロミオとジュリエットの死の場面である。これは死後まで続く愛というより、どこまでも相手を離さない女の執念ともいえる。男の方はかなうことなら逃げ出したい。女の方で逃がすまいとしてしがみつく。

d パオロとフランチェスカ——永遠の抱擁

死んだロミオとジュリエットの姿はパオロとフランチェスコの姿を彷彿とさせる。煉獄の風に吹かれながら、愛する男にすがっている女の姿である。シェーフェルの《パオロとフランチェスカ》（242頁）では、男のほうには女を抱きしめる動きは見られない。女のほうでひたすらすがりつくのである。今道友信はパオロとフランチェスカについて「相手を捨てて自分だけの救いを願おうとしない」ふたりというようにみているが、この絵ではふたりがともに、地獄の底まで「情熱的な愛の決意」に燃えて

グスタフ・クリムト《接吻》1907-08 年
ウィーン、オーストリア美術館

グスタフ・クリムト《水蛇 I》1904-07 年頃
ウィーン、オーストリア美術館

グスタフ・クリムト《接吻》1905-09 年頃
ウィーン、オーストリア工芸美術館

いるようには見えない。

それにくらべれば、やはりクリムトの《接吻》(246頁)には真にせまった感情のドラマが見られる。このあとふたりの接吻がいつまで続くかわからないが、いまのこの刹那の喜びがすべてで、明日もつぎの瞬間もどうでもいいのである。ただ、このふたりの姿勢がはたして立位なのか横臥位なのか判然としない。女は膝をついているようにも見えるし、布団の上で膝を曲げているだけかもしれない。

似た構図では《水蛇I》(247頁)という絵があり、水のなかに漂う女(男女)の恍惚を描いている。この絵も花咲く地面の上とも見られるし、寝ているようでもあるが、それ以上に愛の恍惚のなかでふたりはどこでもないところに漂っているのだろう。もう一枚の絵(247頁)も背景が渦巻き(生命の木)に置き換えられているように、そこは外でもなく内でもなく、男女は立っているのでもなく、寝ているのでもない。めくるめく感情の渦に巻き込まれていて、どこにいるかもわからないのである。

そして、ヨーロッパではなくメキシコの先住民系の文化に近いフリーダ・カーロの描く、《世界の愛》がある。白い手と黒い手のおおいなる女神が世界を抱きしめる。そのなかに黒い女神が鎮座し、そのふところ、あるいは膝の上に愛する女フリーダが幼児のような男を抱いてあやしている。この大きな赤ん坊は彼女の保護者であったディエゴであろうが、母性を欠如していたかとも思われる「強い女」フリーダのほうが抱いて保護してやるのである。しかしその赤ん坊の額にはシヴァ神のような三つ目の目があいてみつめている。そこから世界を燃しつくす破壊の光線がほとばしり出るかもしれない。じっさいはディエゴの愛と寛容に包みこまれるフリーダが世界を抱きしめる母神の愛に包まれているという絵である。

ヨーロッパの画家はひとしく絶望的に「愛」を追求しながら、画面では「愛」の観念はほとんど描けなかった。同じく絶望的に「愛」を求め、「愛」に裏切られたエンマ・ボヴァリーの物語などを一枚の絵にすることができたものも、しようと思ったものもいない。「トリスタン」ですら、あるいは「ロミオ」ですら画家には描けないのである。フリーダ・カーロの《世界の愛》のような絵が描けなかったのは、キリスト教世界の人間には「おおいなる愛の母神」といった観念が禁じられていたからでもあろう。であれば、キリスト教以前のギリシアの彫刻家などは「愛」を描けただろうか？　アプロディテの美しさは描けても、「愛」はつかめなかったに違いない。「愛の図像学」と題しても男女の接吻像しかかかげることができないのは、ヨーロッパ絵画の貧しさかもしれない。

あるいはそれはヨーロッパ文化自体に本当の「愛」が存在せず、人々が絶望的に「愛」を求めてもどこにもそれがみつからないからなのかもしれない。神話がそれではそれを示しているかというと、ナルキッソスやオイディプス、あるいはアドニスやオルペウスのような、不幸な結末しか神話は語らないようにも思われる。

フリーダ・カーロ
《世界の愛》1949 年

オーギュスト・ロダン
《接吻》1886年
パリ、ロダン美術館

これはヨーロッパだけのことだろうか？　あるいはそれは文明の退廃の結果なのだろうか。高度な文明や科学技術の発達と経済活動の活発化のはての人間疎外の結果、すさんだ現代人は愛について考える時間も余裕もなくなった。しかし、たとえば、ラテンアメリカの作家たちは、いわゆるヨーロッパ的な規範からするといかにも乱暴で、しかし豊饒な、カーニヴァル的作品を描いている。絵画でもフリーダ・カーロやディエゴに見られる、プリミティヴでダイナミックな生命力がヨーロッパ風のシュルレアリスムの上品なお遊びをひっくりかえそうとする。ゴーギャンが見たタヒチの魔術的愛の表現や、「素朴派」ルソーの幻想には「愛」の思索の可能性があるかもしれない。シャガールの「愛」の世界も非西欧的な可能性を示すだろう。そして、ピカソやフォーヴィスムの野性的な愛の表現も、デルヴォーもある。しかしそれらは画像を保護する著作権のために割愛した。

それでも愛の形なら、ロダンの《接吻》ひとつで十分かもしれない。

参考文献

日本語で読める基本的なものに限る。スタンダールやプラトンについては多数の訳があるが、もっとも入手のたやすいものをあげた。かならずしもその訳がもっともすぐれているという判断ではない。本書をまとめるにあたって、あるいは、いままで本書のテーマについて考えてきた過程においては多数の図書を参考したが、ここにはその一々はあげない。一般の読者が本書の趣旨にそってさらに考察を深めるのにふさわしいものを選んだ。

ドニ・ド・ルージュモン『愛について―エロスとアガペ』岩波書店、一九五九
フランチェスコ・アルベローニ『恋愛論』新評論、一九八四
スタンダール『恋愛論』岩波書店、一九五九
プラトン『饗宴』岩波書店、二〇〇八
プルタルコス『愛をめぐる対話』岩波文庫、一九八六
オットー・ランク『文学作品と伝説における近親相姦モチーフ』中央大学出版部、二〇〇六
ヴァルター・ブルケルト『ホモ・ネカーンス―古代ギリシアの犠牲儀礼と神話』法政大学出版局、二〇〇八
高津春繁『ギリシア・ローマ神話辞典』岩波書店、一九六〇
トンプソン『民間説話』2巻、教養文庫、一九七七
ヘイゼル・グラント『ギリシア・ローマ神話事典』大修館書店、一九八八
オヴィディウス『転身物語』人文書院、一九六六
篠田知和基『ふしぎな愛の物語―フランスの昔話』ちくま文庫、一九九七
大林太良『神話の話』講談社、一九七九
吉田敦彦『ギリシア文化の深層』国文社、一九八四
エリアーデ『世界宗教史』全4巻、筑摩書房、一九九一
スザンヌ・リラール『愛の思想―男と女の神話』せりか書房、一九七〇
福永武彦『愛の試み』新潮文庫、一九七五
山折哲雄『愛欲の精神史』小学館、二〇〇一
佐伯順子『愛と性の文化史』角川書店、二〇〇八
今道友信『愛について』講談社、一九七二
ライブプラント『エロスの系譜』鳥影社、二〇〇五
カレン・キング『マグダラのマリアによる福音書』河出書房新社、二〇〇八
ブラウン『エロスとタナトス』竹内書店、一九七〇
パノフスキー『イコノロジー研究』2巻、ちくま文庫、

二〇〇二
矢島文夫『ヴィーナスの神話』美術出版社、一九七〇
上村勝彦『インド神話』ちくま文庫、二〇〇三
井村君江『ケルトの神話』ちくま文庫、一九九〇
デイヴィッドソン『北欧神話』青土社、一九九二
クレーマー『聖婚』新地書房、一九八九
フェルマースレン『キュベレとアッティス』新地書房、一九八六

＊本書で取り上げたおもな作品（古典の訳の出版年は省略）
ロンゴス『ダフニスとクロエ』岩波文庫
アプレイウス『黄金のロバ』岩波文庫
カーリダーサ『シャクンタラー姫』岩波文庫
ベディエ『トリスタン・イズー物語』岩波文庫
ボーモン『美女と野獣』角川書店、一九七一
カゾット『悪魔の恋』国書刊行会、一九九〇
ゴーチエ『死女の恋』（『怪奇小説傑作集』4）創元推理文庫、二〇〇六
バルザック『谷間のゆり』『淫夢魔』（『風流滑稽譚』）東京創元社（バルザック全集）一九七三〜七五
ネルヴァル『東方の旅』国書刊行会、一九九〇
ゾラ『ムーレ神父のあやまち』藤原書店、二〇〇三
ジッド『田園交響曲』新潮文庫、一九五二
マルケス『愛その他の悪霊について』新潮社、一九九六
アラン＝フルニエ『さすらいの青春』角川文庫、一九七〇
『今昔物語集』
謡曲『定家葛』
御伽草子『天稚彦物語』
谷崎潤一郎『春琴抄』
円地文子『愛情の系譜』『賭けるもの』『彩霧』
曽野綾子『誰のために愛するか』『いま日は海に』

＊その他の作品
『クレーヴの奥方』『マノン・レスコー』『椿姫』『ロミオとジュリエット』『テス』『潮騒』『伊勢物語』『蛇性の婬』他

おわりに

「愛」はやはりどこにもないのだろうか？　自己愛のせまい輪をでて、他者を愛することを学んだ人間が、よりおおいなる愛を知り、その喜びに包まれる、それを神々が、あるいは天地が祝福する、そんな神話があるはずでありながら、だれもそんな喜びを語らなかったということは、この世における「愛」の不可能性の証拠なのだろうか？　日本には「愛の神話」はない、あるものは「いろごと」の歴史だけだといい、アフリカにも「愛の神話」はない、あるものは「戦い」や「策略」の物語だけだといい、シベリアにさえ「愛の神話」はない、あるものは寒さと貧困だけだという。それが「現実」だとしても、人はありえないものであってもなにかを求めて生きてきたのではないだろうか？　愛や喜びや幸せを、生のともしびを、そしてそのかぎりなくはかなくとおといものを、あからさまにいうことをおそれ、はじらって、ほかの言葉でひそかにわかる人にだけ伝えようとしてきたのではなかったろうか。

「愛」について考えたので、「性」についてはふみこまなかった。さまざまな「愛」の形を考えても、同性愛、倒錯性欲にはふれなかったし、「愛」の宗教、あるいは倫理的な「愛」も論じなかった。とくに愛の神話を考えたのである。ただ、古典神話ではその例は多くはなかった。

しかし、神話がそれについては黙して語らないのだったら、それこそ、聖なるものの最大の禁忌にほかならず、そこにこそ「愛」が隠されていたのではないだろうか？　イエスがとある町のとある女性に特別の「愛」をそそいだというようなことはあからさまに語ってはならないことなのかもしれない。沈黙の神話に重い口をひらかせることはあるいはできなかったかもしれない。しかし、そこになにかがあるということだけでも伝えることができたのなら幸である。一輪の野の花にふと足をとめて、その美しさに心をなごませる人は自然の愛にそのとき包まれるのである。

愛についてのつたない思索に目をとめて、一書にまとめる機会を与えてくださった八坂書房と編集の三宅郁子さんに感謝したい。三宅さんにはとくに画像の選択や入手にお世話になった。

二〇一一年七月

篠田知和基

著者紹介

篠田知和基（しのだ ちわき）

1943年東京生まれ。パリ大学文学博士。名古屋大学教授ほかを歴任。現在、甲南大学人間科学研究所客員研究員。比較神話学研究組織 GRMC 主宰。

著書：『幻影の城－ネルヴァルの世界』（思潮社）、『ネルヴァルの生涯と作品－失われた祝祭』（牧神社）、『土手の大浪－百閒の怪異』（コーベブックス）、『人狼変身譚』（大修館書店）、『竜蛇神と機織姫』（人文書院）、『日本文化の基本形○△□』（勉誠出版）、『空と海の神話学』『緑の森の文学史』（楽瑯書院）、『世界動物神話』『ヨーロッパの形』（八坂書房）、『天空の世界神話』（編著、八坂書房）ほか。

愛の神話学 －世界神話・文学・絵画にみる愛と苦しみ

2011年 8月25日　初版第1刷発行

著　者　篠田知和基

発行者　八坂立人

印刷・製本　モリモト印刷（株）

発行所　（株）八坂書房

〒101-0064　東京都千代田区猿楽町1-4-11
TEL. 03-3293-7975　FAX. 03-3293-7977
URL　http://www.yasakashobo.co.jp

ISBN 978-4-89694-979-7